# 生活感情を表現する
# うたづくり

## ──理論と実践──

DVD付き

小島律子

関西音楽教育実践学研究会 著

黎明書房

# はじめに

学校では、うたをうたうことを教えられます。教科書に載っている曲の、歌詞の読み方を習い、音符をドレミの階名で読んで、歌詞をつけてうたうように教えられます。そういうことを繰り返していると、うたというのは自分の外側にあるもので、専門の人からうたい方を教えてもらうものなんだと思いこんでしまいます。

しかし、よく考えればだれに習わなくてもうたをうたっている人は世の中にたくさんいます。学校でうたうべきうたと学校外でうたううたと分け隔てられているということ自体、不可解なことです。人がうたいたいと思う気持ちは一つのはずです。では、人はどういう時うたをうたうのでしょう。自分の身体から声を出したいと欲求し、声を発し、発した声がふしらしきものになっていくプロセスには何が働いているのでしょう。本書はそんな疑問から出発しました。

そこには、多くの学校現場で教師の手中にある、うたうという行為を子どもに取り戻したいという願いがありました。学校音楽教育では、子どもはうたわされてきました。うたいたいという気持ちもないのにチャイムが鳴ると教科書を開いてうたわないといけません。しかも、そこでは声の出し方から注文がつけられます。「こういう声で」「お腹に力を入れて」「もっとそこは静かに」「そこは弾んで」という具合です。

もともと体から何かを出すという行為は快感を伴うものなので、ただただ声を出すだけでも楽しいと思う子どもも中にはいるでしょう。しかし、ただ快感という段階をすぎてしまうと、それだけではうたう行為には向かわなくなります。そこに、声で自己の内的経験（イメージや感情）を表現するという自己とのつながりを見出した時、子どもにとってうたうという行為が自分と外側の世界をつなぐものとなり、うたうことは人間形成にかかわることになります。人間形成を目的とする学校教育において、人間がうたうことの意味を根本から問い直し、うたうことで感情を育てていく教育を考える必要があるのではないでしょうか。

私たちの研究会では、うたうということを原点から問い直すという視座から、小学校から高等学校まで、さまざまな実践をしてみました。興味深いことには、そこには一人ひとりの子どもの生活が見えてきました。口数少なく何を考えているのかわからない思春期の子どもたちも、うたの中で日々の生活をぼやいたり、自分の関心事を語ったり、自分を表現するようになってきました。本書では、このような内面とつながったうたづくりの実践を探究し、そこにある教育的な意義を明らかにしたいと考えました。

西洋音楽の事典によれば「うたう　singing」というのは、音楽を生み出す最も当たり前であり、本能的な形式であり、ハミングとは異なり、口を開けて声を楽器として使用するということとあります(1)。そして「うたsong」とは、人間の声が主要な役割を担い、歌詞の運搬車となっている音楽表現の形式であるとされています(2)。ここでは、うたうということは人間にとって本能的な行為として位置づけられ、歌詞を伴って声で音楽表現をする行為ととらえられています。

他方、日本音楽の場合は器楽よりうたが中心であり、「ほとんど話し言葉に近い状態で発声発音する例から、話し言葉の状態から遠ざかり、純粋音的発声発音に近づいた例まで多種多様」であり、また音楽形態も多様であることからうたの定義は困難とされています(3)。つまり、日本音楽から見ると、言葉は話し言葉であり、うたうということは話す行為から発生するという側面への注目が見られます。

本書での「うたづくり」は、子どもが言葉を声にすることを通して自己の内的世界を表現する活動を指します。西洋機能和声の歌唱曲を作曲するという活動ではありません。子どもは日本語を母語とし、日本に生活する子どもであることから、「日本語の言葉を伴う声による音楽表現」という意味で「うたづくり」を使うことにします。

私たちの研究会は、前著『楽器づくりによる想像力の教育―理論と実践―』では子どもが音を鳴らす行為を見てきました。そこでは、口をつぐんで、出てくる音を専心して聴き、耳をひらく子どもの様子が見られました。今回のうたづくりの実践では、それとはまた別の側面として、口を開き、声を発することで自己の内面をひらいていく子どもの様子が見られました。

本書はそのような子どもの姿を理論と実践との往還関係をつくって示します。過去の人類の遺産である理論を背景にもち、それを仮説として実践を試み、再度、実践から新たな理論的視点を得るという構成になっています。つまり本書は、教育実践学の立場に立った研究の成果ということができます。

うたうことをすべての子どもの手に取り戻すために、本書が何らかの指針となれば幸いに思います。

二〇一四年　夏

小島律子

**[注]**

(1) The New Harvard Dictionary of Music (1986), p. 749.
(2) Ibid, p. 768.
(3) 宮崎まゆみ（二〇〇七）「うた」『音楽中辞典』音楽之友社、七九頁。

# 目次

2　実践事例

**小学校低学年**



**小学校中学年**



**小学校高学年**



**小学校特別支援学級**



**中学校**

## 第3章 「構成活動」としてのうたづくりから見えてくるもの

# 第1章　新しいうたづくりの理論

# 1　これまでのうたをつくる学習活動の概観

小川由美

ここでは、これまで行われてきたうたをつくる活動として、日本の「ふしづくり一本道」とアメリカの「ソング・ライティング」を概観する。それぞれの目的と学習方法を示し、その学習方法に、うたには欠かせない素材である言葉がどのように扱われているかに着目する。

## (1)　「ふしづくり一本道」

### ①　「ふしづくり一本道」で育てようとするもの

一九六〇年代に岐阜県教育委員会指導主事であった山本弘らによって行われた「ふしづくり一本道」では、子どもにすべての音楽活動を支える「音楽能力」を獲得させることをめざしていた。ここでいう「音楽能力」とは、音楽を模倣し再現し、音楽で即興的に対話できる能力のことである。そして「音楽能力」は、音楽の流れにのるといった音楽的な感覚を基に育てるべきであると考えられた。聴こえてきた音楽に対し、音楽の要素を即興的に変えて対話できるようになることで、自分のふしを生み出していく感覚が養われていくとされた。そしてつくったふしを記譜するという流れになっている。

つまり「音楽能力」を獲得させるために、音楽を模倣し再現し即興的に音を操作する体験を積み重ねて音楽の流れにのる音楽的な感覚を十分に養い、その感覚を記号化することで定着を図ろうとしたのである。

### ②　「ふしづくり一本道」の学習方法

「ふしづくり一本道」における「ふし」は、旋律・リズム・ハーモニーのすべてを含む。この三つの要素について、「遊びを通したリズム理解」「楽器を用いた旋律理解」「つくったふしへの伴奏づけによるハーモニー理解」へと、段階を踏んで系統立てて学んでいくことで、「一本道」のように子どもの音楽能力を育てていくことができると考えられた。

「遊びを通したリズム理解」は、「タンタンタンウン」の手拍子にのって、自分の名前や動植物の名前をあてはめる、といった言葉遊びから始まる。遊びを通して、「タンタンタンウン」のリズム感覚を身につける。そして拍を分割する、スキップのリズムを入れていく、色々なリズムを組み合わせていく、といった活動を積み重ねてリズムを理解していく。「楽器を用いた旋律理解」では、楽器を用いて、ふしの模奏や問答・リレー奏をし、聴いたふしを再現したり即興で対話したりすることで、聴いたふしをドレミと対応させてとらえていく。そして、三音~七音の音階、さらに短調・長調の調性に沿ったふし、陽旋法・陰旋法のふしづくりへと発展させる。「つくったふしへの伴奏づけによるハーモニー理解」では、長調・短調でつくったふしに保続音として合う音をつけることで、調性感を身につけていくのである。

### ③ 「ふしづくり一本道」における言葉の扱い

「ふしづくり一本道」ではすべての活動で言葉とふしが関連して扱われているわけではない。言葉が扱われているのは、音楽の流れにのる感覚を身につける活動における言葉遊びと、ふしに歌詞(言葉)をつけたり、短い詩(言葉)にふしをつけたりする活動である。短い詩にふしをつける場合は、読むことで言葉のアクセントを意識させ、何度も口ずさむことで旋律やリズムをはっきりさせ、それから、そのふしを楽器で演奏しうたい記譜していく、という流れになっている。

このように「ふしづくり一本道」において、言葉は、子どもを活動に参加させるため、そしてふしを整えるために使われているといえる。

## (2) アクションラーニングによる「ソング・ライティング」

### ①「ソング・ライティング」で育てようとするもの

アメリカの音楽教育学者であるレゲルスキは、一九八一年にアクションラーニング(Action Learning)による「ソング・ライティング」(Song Writing、以下SWと記す)を書物に著した。「ソング・ライティング」とは、主には、言葉にハーモニーを伴った旋律をつけてうたをつくる学習といえる。

SWは、生涯使える基礎的な音楽理論の理解とそれによる自立した音楽表現力を養うことを目的としている。自立した音楽表現力とは、自分にとって意味のある作品を、自身のもつ知識や技術で生み出す能力のことである。そして生涯使える基礎的な音楽理論とは、基本的な音楽構造を分析し、操作し、作品を創造していくために必要な音楽理論のことである。このような音楽理論は、旋律づくりの活動を積み重ねていくことで理解されていくと考えられた。そして身についた音楽理論は、授業以外の音楽的な機会(楽器を演奏する、作曲する)に活用できるとされた。

生涯使える基礎的な音楽理論を理解するために、SWでは音楽の要素に分けて単元を積み重ねていく系統的な学習を行っている。SWで重点を置いているのは、旋律・ハーモニー・リズムという三つの音楽の要素である。それぞれに重点を置いた単元を構成し、前の単元で学習した内容を次の単元でもかかわらせて積み重ねていく。たとえば、前の単元で短い旋律をつくったら、次の単元で旋律の方向を示した線を視覚的に用い、より長い変化のある旋律づくりへと発展させていくのである。

### ②「ソング・ライティング」の学習方法

SWは、大きく「準備段階」と「完全なSW」から成る。「準備段階」とは、「完全なSW」をするために必要な音楽の要素（旋律・ハーモニー・リズム）に対する理解を促す段階であり、「旋律に重点を置いたSW」「ハーモニーに重点を置いたSW」「リズムに重点を置いたSW」の三つの活動から成る。そして「完全なSW」では、「準備段階」で得た三つの要素に対する知識・技術を相互に関連させながら、うたをつくっていくことになる。

「旋律に重点を置いたSW」では、音階を構成する八つの音（ドレミファソラシド）を音列として使い、既定のリズムに当てはめるといった活動をする。「ハーモニーに重点を置いたSW」では、リズムパターンと小節ごとのコードがあらかじめ定められており、各コードの構成音を定められたリズムに当てはめていく。また、長調・短調におけるコード進行のルールを発見し、その理解が進んでいくと自分でもコードをつけていく。「リズムに重点を置いたSW」では、詩の朗読から言葉が生み出す拍感に気付き、拍のまとまり（拍子）を意識する。そして、拍を分割・つなげる活動を通してリズムの構造を理解していくのである。

旋律・ハーモニー・リズムの各要素に対する理解や技術が習得されると、いよいよ「完全なSW」をする。まず短い詩をつくり、歌詞の朗読から拍子やリズムパターンを設定する。さらにコード進行を考え、コードの構成音をつくったリズムパターンに当てはめていく。

### ③「ソング・ライティング」における言葉の扱い

SWでは旋律づくりの材料として言葉が使用される。言葉の韻律的側面をリズムの理解につなげていくようになっている。英語のシラブル（音節）から受けるストレス（強調）、アクセント、パルス等から音楽の拍子やリズムパターン等につなげていくのである。たとえば英語の詩を朗読することで、強調されるシラブルとそうでないシラブルが、二もしくは三のまとまりを生むことに気づかせ、拍子やリズムの理解につなげていくとある。

さらに、教師は必要と思った場合には、言葉と旋律の関連を意識させる。たとえば「言葉と旋律との関連が意識されずに、ただ同時に存在しているだけになっていないか？」と質問する。悲しい歌詞なのに幸せな感じの旋律になっていないか、と歌詞の意味的側面と旋律が生み出す曲想との関連を意識させる。また、音楽と言葉が思春期の青年らにとって彼らの感情をとらえ表現するのにふさわしいものであることから、彼らをひきつける役割も期待されている。

このようにSWにおける言葉は、言葉の韻律的側面から音楽のリズム概念の理解へと結びつけるための活動で主に扱われているが、意味的側面も曲想という視点から考慮されている。

### (3) まとめ

以上見てきた事例では、うたをつくる活動は、生涯使える音楽能力を養うための核となる活動として位置づけられていた。そこには、音楽能力を養うためには、今ある曲をうたったり演奏したりするよりも自分で音楽をつくる活動が有効であるという考えがある。そこでふしや旋律をつくるプログラムが考案されたといえる。では、ふしや旋律をつくるプログラムでは、うたに必須の言葉はどのように扱われていたか。言葉の韻律的側面がリズムや旋律といった音楽の構成要素からとらえ直され、言葉と音楽とのつながりを活かしながらプログラムの内容と系統が考えられていたといえる。また、そこでは子どもに馴染みのある言葉が音楽の世界へ導くという動機づけの役割も期待されていた。

一方で、二つの事例は、はじめに特定の音楽の構成要素や音楽理論がありきであって、「人間にとってうたうことの本来的な意味」への着目が弱いといえる。しかしうたをつくるという行為は、そこをはずしては成り立たないのではないだろうか。音楽の構成要素や音楽理論を自由に操作することが「うたう」ことではないはずである。

本書のうたづくりは、うたは子どもの内的世界を表現するものである、という立場を取る。この立場において、言葉はふしの形をつくるための手段に過ぎないのではなく、子どもが内的世界を外に表していく過程でイメージを育て感情を育てるという重要な役割を担っている。この点で本書のうたづくりは、これまでの活動と一線を画すものとなっているといえる。

## 2 「構成活動」としてのうたづくりの原理と構造

小島律子

### (1) うたうということ

人間にとって「うたう」ということは本来どういうものだったのか。うたうことも話すことも声を使う。では、話すこととうたうことの境目はどこになるのか。たしかに日常で言葉を話すこととうたうことは同じではない。しかし明確に分けることもできない。「話す」が「唱える」「語る」になり、「うたう」(高低、調子などをつけて発声する)になり、それらは連続的に行きつ戻りつしていると考えてよいだろう。

話すことから始まるこのような連続的な変化では、言葉の韻律的側面(高低、強弱、長短)が形をつくっていくと考えられる。言葉の音韻がリズムにのり、まとまりができ、まとまりが反復される。あるいは、言葉の中のある母音が引き伸ばされ、揺らされる。言葉の抑揚が強調され、特定の音(オン)にアクセントがつけられる。このように話し言葉が変形されていくことが、話すことが形式をもってくるということであり、うたになっていくということだといえよう。

では、話すことがこのような形式をもってくるのはどうしてだろう。何が変化を引き起こすのか。そこには人間の感情や意図があると考えられる。言葉には内容としての意味的側面があり、それは人間の感情や意図と密接に結びついており、その感情や意図が形式を変容させていく。

なぜ感情や意図が生ずるかといえば、うたをだれかに聴かせようと思うからである。それは自分自身かもしれないし、大自然を司るカミであるかもしれない。自分の感情や意図をだれかに伝えたいと思うことで、ある母音を長く伸ばしたり、高く上げてみたりするのである。

つまりは、うたうことは他者を意識した感情のコミュニケーションの形式ということができる。それは言葉ではできないコミュニケーションであり、うたが言葉と音楽の両方を統合したものであるから可能になると考えられる。したがって、うたは言葉なくしては成り立たない。しかもその言葉は後から旋律にくっつけたものではいけないし、人から借りた言葉ではいけない。自分の言葉だからこそ感情や意図が働いてうたになっていくのである。

## (2) 声の特性

うたは声によって人間が知覚できる存在となっている。声は人間の身体が発する音である。声は生命ある人間が発する音であるということが、「声」と楽器や自然音等の「音」とを区別する。つまり、声の特性はその身体性にあるといえる。そして、この点に人間がうたうことの意味が凝縮されているといえる。

声はその身体性ゆえに、外に発せられると他人も聞けるが、自分自身の身体の内部でも感じ取れる。つまり、声は外的世界と内的世界にまたがるものであり、自分自身を身体感覚として意識させてくれるものといえる。そして同時に、声を出すという行為は他者と身体から身体へ直にかかわれる行為である。そのかかわりの生々しさもあって、声は「力」をもつものとされる[(1)]。

しかし、人間が声を発するにはそれなりの状況が必要となる。川田順造は、声を発するという行為の成り立ちについて以下のように要件を挙げている。「声を発することは、声を発するという行為を支える状況性と、声を発する者の現前性と、声の向けられた相手の特定性とをまきぞえにして成り立っている。」(2)ある文脈を備えた状況があって、そこに生身の人間がいて、特定の相手を定めた時に声を発するということだと解釈できる。

## (3) 「構成活動」としてのうたづくり

以上のように、うたうことを、話すことから始まる人間の自然な表現行為ととらえる場合、学校教育でうたうことをどう扱ったらよいのだろう。うたうということは、決して外部からうたわせられる行為ではなく、内からの欲求で声を発する行為である。自分の感情や意図の表現でなければならない。そこで、本書では、うたをうたうという行為を「構成活動」として展開することで、学校教育においてうたうことを子ども側に取り戻すことができるのではないかと考えた。「構成活動」の根本原理は、作品を生み出すという目的に向かっての、子どもの内的世界と外的世界の継続的で、一貫した、身体を使った相互作用にある。

これまで学校で一般的に「ふしづくり」「旋律づくり」としてやられてきたのは、歌詞をつくらせ、それにリズムや音高を付けてうたをつくらせるという、子どもの外的世界にふしなり旋律なりの創作自体をめざす学習であった。拍や拍子に合わせ、フレーズがバランスをもち、おさまりのよい旋律をつくること、そしてつくった旋律を五線譜に書くことが何よりも重視されてきた。

「構成活動」としてのうたづくりでは、内的世界であるイメージや思想や感情を、言葉を使って外的世界に出し、出した言葉をイメージや思想や感情と照らし合わせることで言葉の表現の仕方を工夫していくというような、内的世界と外的世界との連動を本質とする。そのことにより外的世界にうたが生成されるのに連動して内的世界も生成される。この内的世界の生成が子どもの成長であり、学校教育の意義はそこにあるといえる。本書ではこのような「構成活動」としてふしをつくる活動のことを、従来の旋律創作と区別して「うたづくり」と呼んでいる。

## (4)「構成活動」としてのうたづくりの原理

「構成活動」としてのうたづくりの原理はどのようなものか。それは①言葉・声・身体の動きの相互作用、②言葉の韻律的側面と意味的側面との相互作用、③伝える他者と自己との相互作用、という三つの次元の相互作用として考えることができるのではないか。

### ① 言葉・声・身体の動きの相互作用

「構成活動」は子どもの衝動や欲求を起点とする。しかし何も文脈のない状況で衝動的にいきなり声を発することはない。うたは言葉と一体になっていることで意味の世界に根差しているといえ、とくに状況や文脈に依存しているといえる。子どもがうたをうたいたいという欲求を覚えるには、その音楽が生成した時の状況や文脈を子どもたちが経験する必要がある。それは音楽に限定された状況ではない。人間の生活の状況であり、それはその土地の風土・歴史・社会・文化のうえに立っている。それゆえにうたづくりで日本の伝統音楽を材料とすることは、それが生まれた状況は日本の風土・歴史・社会・文化そのものであるので、子どもたちに音楽の生成の状況を経験させせやすいという利点がある。

生活を基盤とする音楽生成の状況では、言葉と声と身体の動きを統合した活動の中でうたは生じる。身体の動きが声や言葉を引き出し、声が言葉を引き出し、言葉が声を引き出し、また動きを引き出すというように声と言葉と身体の動きは相互に作用し合って生み出され展開していく。

### ② 言葉の韻律的側面と意味的側面との相互作用

言葉と声と身体の動きが相互作用して展開していく過程に、言葉が大きく作用する。言葉の音（オン）のもつ高低、強弱、長短といった韻律的側面は、意識され強調されることでそのままうたのリズムや旋律になっていく。

言葉は、韻律的側面と同時に意味内容を生み出す意味的側面をもっている。言葉はうたのリズムや旋律を形づくる一方、言葉のもっている概念やイメージといった意味的側面が子どもの内的な思想・イメージ・感情と結びついて、言葉の高低、強弱、長短といった韻律的側面を意識させ強調するように働くのである。そしてそこに生み出されたうたを聴いて、自己の思想・イメージ・感情を新たにつくり変え、また言葉の高低、強弱、長短といった韻律的側面を変化させていくのである。

つまり、子どもは自己の思想・イメージ・感情といった内的世界を基に、言葉の韻律的側面と意味的側面を相互作用させながらうたを形づくっていくことになる。

### ③ 伝える他者と自己との相互作用

「声を発することは〝呼ぶ〟ことと深くかかわっている」(3)といわれるように、特定の相手を意識するからこそ、人は声を発することができる。相手に自分の内的世界を訴えたい、伝えたいという欲求がうたづくりを起こし推進させる。うたうことは一種のコミュニケーションの形式といえる。

同時に、発した声は自分の内部で響き、自身に聴こえる。これは自己との対話といえる。この意味で、うたづくりは自己を内と外とで対象化する行為であるということができる。そして、このことから感情の教育が可能となるのである。

### ④ うたづくりの構造

最後に、以上述べてきた原理からうたづくりの構造を考察する。

うたづくりの基盤には子どもの生活がある。生活は、その地域の自然や社会や文化や歴史の中にある。生活の中で、ある状況が生じた時、内面が動かされ、子どもは声を発して言葉をうたう。そのうたは、言葉の韻律的側面と意味的側面の統合された形と中味をもつ。それは、先人のうたったうたを借りて始まり、伝える相手を意識することで自分の内的世界により即すように工夫し変形を加えていく。そして、自分の言葉で自分のうたをうたうのである。このような、内的世界と外的世界を連動させたうたづくりによって、子どもは生活の中で経験してきた自分の感情を意識し対象化することができると考えられる（図1参照）。

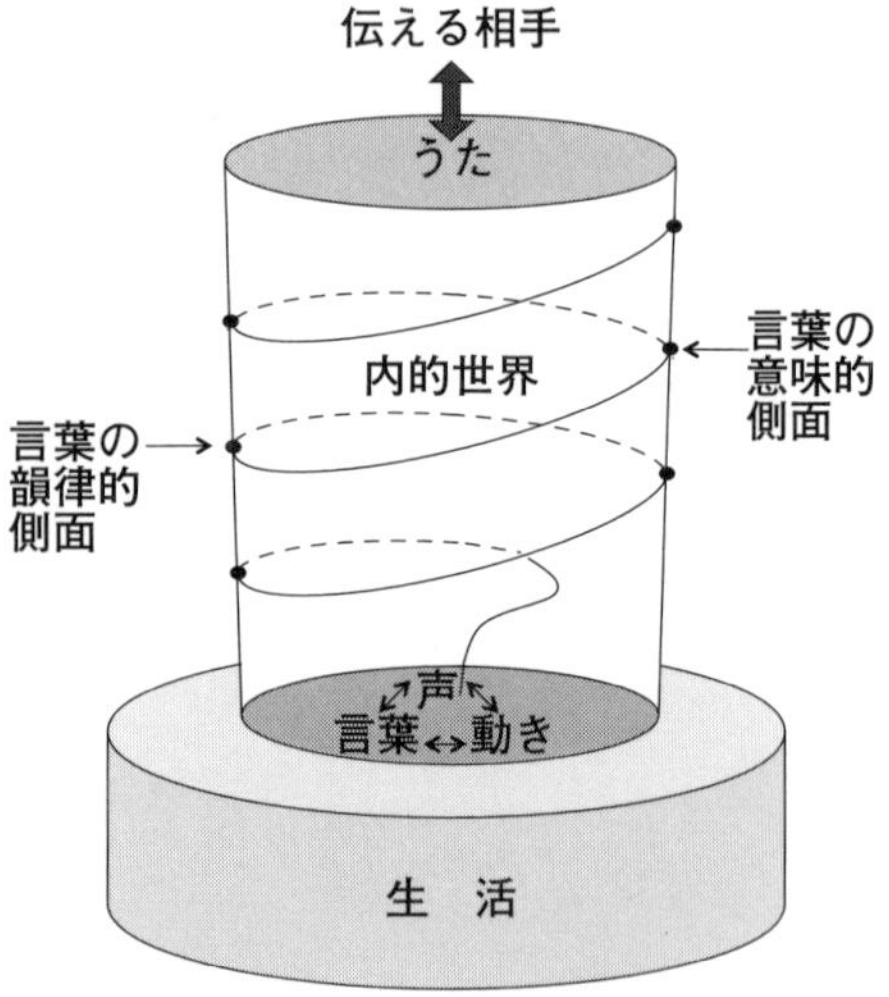


図1　うたづくりの構造

## 3　「構成活動」としてのうたづくりの方法

清村百合子

従来の旋律づくりの授業ではモチーフや構成音があらかじめ与えられ、それらを組み合わせて旋律を創作していくことが多く見られた。しかし本書は「構成活動」としてうたづくりの授業を展開していく立場をとっている。従来の旋律づくりの授業とは一線を画す。

「構成活動」とは「社会的状況において衝動を起点とし、身体諸器官を使って外界に作品を構成することと連関して内界を構成する活動」(1)と定義されている。では「構成活動」を支える三つの要件「衝動を起点」「内界と外界の連関」「社会的状況」はうたづくりの授業ではどのように具現化されるのだろうか。

## (1) うたをうたいたくなる衝動を起点とする

「構成活動」では衝動を起点として表現活動が展開されていく。では、うたづくりの場合、起点となる衝動とは一体何か。それは「うたをうたいたくなる衝動」ではないだろうか。

そのためにまずは、うたが生まれてきた状況に目を向け、「なぜそうしたうたが生まれたのか」うたが生まれた必然を授業に生かすことである。たとえば「いーしやぁーきぃーもぉー」という売り声づくりの場合、売り声が生まれてきた状況すなわち行商の営みに着目し、それを授業でどう生かすことができるのか考えるということである。行商は「売り歩く」という空間移動が伴う。売り歩く空間の中で町衆と顔を合わす場が生まれ、商品のよさを声高らかに伝え歩く。つまり売り声は人々の生活におけるコミュニケーションが生み出した文化ともいえる。こうした売り声が生まれてきた状況を生かして、たとえば売りたい品物を携えて広いスペースを練り歩くなど、教室空間を工夫することもできるだろう。

このようにうたが生まれてきた基盤には日本人が経験してきた生活や文化、また子どもたちの遊びの世界がある。そこにはうたが生まれた必然がある。遊びの高揚感だったり、人との交渉だったり、あるいは生活する喜びもあるだろう。日本人が日本語を話し、日本語でコミュニケートし、遊び、生活する中で、自然とうたいたくなるような状況があったはずである。その状況を授業に生かすことで子どもたちの中に「うたをうたいたくなる衝動」が芽生えるのではないだろうか。

## (2) 言葉をうたにする道具

「うたをうたいたくなる衝動」が芽生えた後、子ども自身がそれらの衝動を統制していく必要がある。衝動を統制する道具として日本の文化の中で継承されてきた表現媒体に注目したい。たとえばわらべうたを構成する音階やリズム、あるいは売り声や狂言で使われている言葉の抑揚、和歌で使われる五七五七七のリズムなどである。なぜこれらがうたをうたいたくなる衝動を統制するための道具に適しているのか。それは、これら表現媒体が日本語という言葉のもつ韻律的側面と連続性をもっているためである。たとえばわらべうたに関していえば、「どれにしようかな」など長二度の高低二音のみでうたわれることもあり、ほぼ言葉の高低アクセントのままにうたわれるという[2]。日本語という言葉が備えている高低やリズム、言葉の抑揚はそのままわらべうたや狂言などに反映されていることがわかる。

うたづくりの授業ではこれら表現媒体としての道具が与えられる場合と、子どもたちがすでに発している言葉の韻律的側面を意識させる場合とがある。前者の場合は、たとえば校庭に出て秋の変化を肌で感じる経験をした後、五七五七七という和歌のリズムが与えられることで、秋の澄んだ空気感がもたらす質を和歌のリズムにのせて表現することができる。一方、後者の場合は、物売り遊びをする中で、友だちの気をひくため、「みたらし〜〜だんご〜〜」と唱えて売り歩くようになったタイミングで、自分たちの声に意識を向けさせて、実は声に抑揚がついていたことに気づかせる。

このようにただ衝動の赴くままに言葉を発する段階から、言葉の特性を生かした道具がもたらされることで、言葉は整えられ、表現のための言葉へと転換していく。

## (3) 自己の内面の表現としてのうたへ

言葉が整えられていくと「構成活動」の二つ目の要件である「内界と外界の連関」が始まる。声という身体諸器官を使って声に出して言葉を何度も唱えるようになる。何度も唱えるうちに言葉に抑揚や引き伸ばしがつけられ、うたとしての形が定着してくる。つまり外側の形が整ってくる。一方で「ここは冬に入る季節の境目だから、もっと消えゆくような声にしたい」や「鬼を決めるドキドキした気持ちを表すために間を空けたい」など、イメージも具体的になってくる。つまり自己の内側にも意識が向けられ、言葉の意味的側面が強調されるようになる。

このように内側ではうたに表そうとする自己のイメージや感情が意識化され、それに伴い外側にはうたの形が形成されていく。内界と外界との連関によって、自己の内面の表現としてのうたが生み出されていくのである。

## (4) うたが生まれる社会的状況

では「構成活動」の三つ目の要件に挙げた「社会的状況」については、うたづくりの授業ではどう具現化されるのか。それは「人はなぜうたをうたうのか」という原点に立ち戻ってこの問題を考えれば自ずとその答えは見えてくる。

うたの多くは人とのかかわりの中で生まれてきたといっても過言ではない。自分の気持ちを純粋に人に伝えるために、あるいは仲間同士で仕事を調子づけるために、うたはうたわれてきた(3)。いずれの場合もそこに伝えたい相手がいて、一緒に声をそろえる仲間がいた。このようにうたとは本来、人とのかかわりの中で生まれ、人に自己の内面を伝えたいという欲求から生まれてきたものである。

そのような視点に立ってうたづくりの授業を考えると、社会的状況の中でうたづくりの授業が営まれることは当然のことといえる。ただここは労働の場でもないし、人々が集う宴の場でもない、授業という学習の場である。学習の場において、うたが生まれるような社会的状況を構成する必要がある。

授業における社会的状況では学習者同士のコミュニケーションが土台となる。学習者同士のコミュニケーションを成立させるためには仲間同士で共有できる何かが必要である。うたづくりの授業では、言葉が生み出す躍動的なリズムがその共有物となる。《八木節》のお囃子に合わせて仲間同士で顔を寄せ合い、囃子詞を唱え合っているうちに言葉の一部を替え歌にして、自分たちの生活を滑稽にうたう囃子詞へとつくり替えていく。しかも言葉が生み出す躍動的なリズムに合わせて身体の動きも呼応する。

このように「構成活動」としてのうたづくりの授業では、言葉が生み出す躍動的なリズムを、身体を通して共有できるような社会的状況が必要となる。

## (5)「構成活動」としてのうたづくりの授業の着眼点

最後に、授業者が「構成活動」としてのうたづくりの授業をしようとする際、何に重点を置くべきか、まとめる。

第一にうたが生まれてきた状況に目を向けることである。うたは人々のコミュニケーションを土台として、遊びや生活、労働や娯楽の場で生まれ、発展してきた。そこには人がうたいたくなる状況があった。よって、まずはうたが生まれてきた状況を授業構成の基盤にすることが大切である。

第二に言葉とうたに連続性をもたせることである。うたづくりの授業では日本語のもつ韻律的側面の特質がそのまま保持されるため、子どもがつくり出すうたには山型の線を描く旋律や曖昧な拍節構造が見られる。もし日本語を西洋音楽の音組織や拍節に当てはめてうたをつくった場合、おそらくそうした特質は削ぎ落とされてしまうだろう。言葉のもつ高低、強弱、長短といった韻律的側面を生かしてうたづくりの筋道を考えるべきである。

第三に自己の感情やイメージ（内界）と外側に形づくられるうた（外界）とを連関させることである。必ず子ども自身の感情やイメージを根拠にして、うたを構成する要素としての抑揚やリズム、間を工夫することが大切である。

第四に授業では一貫して声によるコミュニケーションを土台とすることである。それはうたそのものが人とのかかわりの中で生成してきたことに由来する。うたづくりの授業は、声を中心として視線や身体の動きなど、身体を通したコミュニケーションを土台として為される必要がある。

# 4 「構成活動」としてのうたづくりが育む感情

小島律子

声を扱ううたづくりが、音を扱う楽器づくりと根本的に異なる点は、うたづくりは言葉が主たる材料となっていることにある。本書の実践事例は、うたをつくることは言葉を語ることに通じ、言葉を語ることは子どもたちの生活感情の表現に通じることを示している。ここでは、なぜうたづくりが生活感情を引き出し、育てることになるのかを考えてみたい。

## (1) 生活経験と言葉

うたづくりでは言葉をつくることになる。「つくる」ということは「選択する」ということである。売り声を何にするかという時「アイスクリーム」よりも「おだんご」と選択したら、そこには自分自身の意味づけが働いていると見ることができる。選んだからには根拠がある。その根拠に自己の生活経験が想起され、その生活経験の文脈で「おだんご」に意味づけをする。いつも食べているアイスクリームより、やさしいおばあちゃんが遊びに来た時におみやげに持ってきてくれたおだんごにしよう、ということになる。

おばあちゃんが遊びにきてくれたという生活経験の文脈には、さまざまな感情が付着している。遊びにくる前の待ち遠しい気持ち、来てくれた時のうれしい気持ち、一緒にあやとりをした時のわくわく感、そういった感情が「おだんご」という言葉の背後にはくっついているのである。

では、生活経験にはなぜ感情が豊富に付着しているのだろうか。生活経験の特質は、記号や数字や符号で介在されない直接経験であるというところにある。身体や五感をもって環境に働きかけ、働き返される経験である。直接経験では経験の質が身体と五感を通して感受され、イメージが豊かに形成される。イメージには感情が伴っており、それは情緒的、感情的経験ということができる。このような日々の生活経験において、子どもたちはがっかりしたり、喜んだり、驚いたり、憧れたり、恐れたり、豊かな感情経験をしている。生活経験は論理的経験というより、情緒的な、感性的経験なのである。

したがって、構成活動のうたづくりにおいて、言葉を選ぶということは、言葉がその子の生活の文脈の中で登場するということになる。数えうたづくりの事例で「十は東大寺観光~」とつくった子どもがいた。その子は「十（とお）」だから「と」から始まるというだけで「とうだいじ」を選んだのではなく、少し前に遠足で東大寺に行ったという経験があったという。「東大寺観光」は一般的な意味での「東大寺観光」ではなく、その子にとっての「東大寺観光」になる。遠足に行って大仏様を見あげて驚いたこと、その記録としての「東大寺観光」という言葉なのである。つまり生活経験の記録としての言葉になる。

どろだんごのわらべうたづくりの事例でもそうである。どろだんごを自分がつくったという経験の文脈における「どろだんご」という言葉なのである。だから、「ど~ろだんご、どろだんご」とうたう時、その経験を想起して、その時の自分の気持ちを思い出して、うれしくなるのである。

つまり、ここでの言葉は抽象的、一般的な言葉ではなく、言葉の背後にその子の生活経験という拡がりをもった言葉なのである。うたをうたうということは、歌詞の言葉を自分の生活経験の中で意味づけてうたうということになる。それゆえに、子どもの内的世界と外的世界が連動する状況を大事にして進める「構成活動」としてのうたづくりでは、言葉をつくらせることで生活感情を引き出すことができる。

## (2) 生活感情の整え

選んだ言葉は、声にのせられ外的世界に直接、身体から発せられる。声にすることで、言葉の韻律的側面（リズムや抑揚）が浮かび上がってくる。リズムや抑揚は声の流れに動きを生み出す。言葉遊びのように、母音を伸ばしたり縮めたり、あるいはある母音にアクセントをつけて強調したりすると、情緒を帯びてくる。じゃんけんやラップのように、拍やビートにのって言葉をしゃべると楽しくなる、といったことでもある。それを「声に力が宿る」「声が力をもつ」と言ったりするのではないだろうか。

一方、先に述べたように、言葉は意味を持つ。その意味は概念的な意味から個人的な生活経験を背後にもった特別の意味である。その意味内容に対してもったイメージを表現したいと思えば、声の音色や言葉の韻律的側面を変形させて工夫をする。売り声一つにしても、いろいろな表現の工夫がある。「はしご、はしご、はしご、はしご、はしご、はしごーっ」という売り声は、実際に道具として使う時の、下から上までかけ登っていくイメージを聞き手に喚起するように、二オクターブ以上も音域を上げてうたう[(1)]。

「イメージを表現したい」という欲求は、人に伝えようという意識が出てくるということからくる。伝える相手を意識することで、自分の声の効果を考えるようになる。イメージと照らし合わせて、言葉の韻律的側面から声の音色、リズム、旋律といった音楽的要素を工夫するようになる。そのような、伝える相手を意識したイメージと音楽的要素との相互作用において生活感情の客観化が起こる。イメージと音楽的要素の行き来をするごとに、イメージはどういうものか、イメージに伴っている感情はどういうものかと、イメージや感情を自分から引き離して対象として眺めなければならない。それが感情の客観化になるのである。声に託された感情は、声が音楽的要素から形を整えられるに伴い、その感情も整えられるようになる。これが、感情が育てられるということになるといえる。

## (3) コミュニケーションから見るうたづくりの特性

うたづくりでは、言葉の意味内容とイメージとの両者の表現が可能となり、そこに子どもの感情が強く表出、表現される。最後に、この特性をコミュニケーションの観点から考察してみたい。

コミュニケーションはその使われる媒体によって、言語コミュニケーション、非言語コミュニケーション、身体的コミュニケーション、音楽的コミュニケーション等、さまざまに分類される。しかし、このようにそれぞれの媒体による分化が為される以前にもコミュニケーションが行われていたのではないか、と仮説を立て、言語が形成される前の原初的なコミュニケーションの形に注目したのが、考古学者のスティーヴン・ミズンである。ミズンは前言語ともいえる「Ｈｍｍｍｍ」という存在を想定した。「『Ｈｍｍｍｍ』とは、"Holistic multi-modal manipulative musical mimetic"の頭文字で、全体的、多様式的、操作的、音楽的、ミメシス的なコミュニケーションを指す。」(2)とされる。ミズンの仮説は次のようなものである。

もともと音楽と言葉は同じで、両者とも根は全体的コミュニケーションすなわち「Ｈｍｍｍｍ」にあった。とくに、言葉とうたは、音声器官から発せられ、耳で聞かれる伝達の方法という点で根が同一といえる。それがホモサピエンスでは「Ｈｍｍｍｍ」から言語と音楽に分かれ、それぞれに発達していった。この言語と音楽という二つの産物を再び統合するのがうたである。うたは両者の利点を併せもつことで強力なコミュニケーション手段となったのである。以下、ミズンの文章を引用する。

歌は、「Ｈｍｍｍｍ」のふたつの産物（音楽と言語：筆者挿入）を、ひとつのコミュニケーション体系に結合しなおしたものと考えてよい。だが、このふたつの産物、音楽と言語は、独自に進化して完全に形ができあがったあとではじめて再結合された。その結果、歌は、「Ｈｍｍｍｍ」の持っていたどの手段よりすぐれた、歌詞という構成的言語による情報伝達の手段が、構成的言語だけではありえない、音楽からくる豊かな感情表現と組み合わされるという恩恵にあずかっている(3)。

ミズンのこの仮説によれば、うたは、言葉では言い表すことのできない言葉の背後にある感情を音楽的要素によって表現し、かつ同時に言葉の意味的側面を通じて、感情の意味内容も人に伝わりやすくするという特性をそなえた表現だということができよう。

うたは、古代より自然に対する畏れや恐怖といった感情の発散とその解決の方法であったとされる。雷鳴が怖い。呪文を唱え、祈り、天に訴える。これはだれか他者に聞かせようとし、語りかけるコミュニケーションである。言葉により生活感情を引き出し、伝える相手を意識させ、コミュニケーションの形をとることでうたの形を整えていく「構成活動」としてのうたづくりは、感情を育成するのに有効な教育方法といえるのではないか。

〔注〕

**1　これまでのうたをつくる学習活動の概観**

〈参考文献〉


山本弘（一九八〇）『音楽教育の診断と体質改善─音楽能力表とふしづくりの一本道─』明治図書。

山本弘（一九八一）『誰にでもできる音楽の授業─ふしづくりの音楽教育紙上実技講習─』明治図書。

Thomas A. Regelski (1981), '3. "Song" Writing: Dealing with Traditional Music' "TEACHING GENERAL MUSIC: Action Learning for Middle and Secondary Schools", SCHIRMER BOOKS, pp. 124-177.

**2　「構成活動」としてのうたづくりの原理と構造**

(1)　卜田隆嗣（一九九六）『声の力─ボルネオ島プナンのうたと出すことの美学』弘文堂。
(2)　川田順造（一九八八）『聲』筑摩書房、五頁。
(3)　同上書五頁。

〈参考文献〉


藤田隆則・上野正章編（二〇一三）「歌と語りの言葉とふしの研究」京都市立芸術大学日本伝統音楽研究センター。

川田順造（一九八八）『聲』筑摩書房。

小沼純一（二〇〇三）「声から世界へ」『21世紀の音楽入門3』二〇〇三年秋号、教育芸術社、四～一五頁。

尾見敦子（一九八五）「3章　子どもが歌う」大宮真琴、徳丸吉彦編『幼児と音楽』有斐閣選書、六五～一一六頁。

桜井真樹子（二〇〇三）「古代人の『声』─現代に息づくその力」『21世紀の音楽入門3』二〇〇三年秋号、教育芸術社、九二～九七頁。

卜田隆嗣（一九九六）『声の力─ボルネオ島プナンのうたと出すことの美学』弘文堂。

山村基毅（二〇〇一）『森の仕事と木遣り唄』晶文社。

**3 「構成活動」としてのうたづくりの方法**

(1) 小島律子(二〇〇一)「『総合的な学習』における学習方法としての『構成活動』の有効性」『日本デューイ学会紀要』第四二号、一七四~一七九頁。
(2) 坂井康子(二〇一〇)「遊び歌の指導をめぐる諸問題」『音楽教育実践ジャーナル』vol. 8 no. 1、日本音楽教育学会、六九頁。
(3) 小泉文夫(一九八四)『フィールドワーク　人はなぜ歌をうたうか』冬樹社、一〇〇~一四四頁。

〈参考文献〉



小泉文夫(一九七七)『音楽の根源にあるもの』青土社。

西角井正大(一九九九)「声の古典生活音楽としての民謡」『日本の音Ⅲ　声の音楽3』音楽之友社、二三~六〇頁。

野本寛一(一九九三)『言霊の民俗―口誦と歌唱のあいだ』人文書院。


**4 「構成活動」としてのうたづくりが育む感情**

(1) 宮田章司(二〇〇三)『江戸売り声百景』岩波書店、一一九頁。
(2) スティーヴン・ミズン、熊谷淳子訳(二〇〇二再版)『歌うネアンデルタール―音楽と言語から見るヒトの進化』早川書房、三九五頁。
(3) 同上書三八七~三八八頁。

# 第2章

# 「構成活動」としてのうたづくりの実践

# 1 「構成活動」としてのうたづくりの実践の視点

衛藤晶子

ここでは、これまでに述べられてきたうたづくりの理論を授業実践という観点からとらえ直し、生活感情を表現するうたづくりを実現するための視点について述べる。

## (1) うたが生まれる基盤

「今日の音楽の時間はうたをつくってみましょう」と投げかけても子どもは戸惑うばかりであろう。では、どうすればうたをつくることができるのだろうか。それはまず、既存のうたをうたってみることである。そのうたは、教師が教えないとうたえないような難しいうたではない。日本語を母語とする子どもたちが自然に話をするように難なくうたえるうたである。それは、日本の風土から生まれ、時代を超えて受け継がれてきている物売りうた、百人一首、わらべうたなどのうたである。子どものおしゃべりがそのままメロディになったようなうたが日本のうたの原点なのである[1]。うたうという行動は、人間がもっとも手近にもっている音源である「自分の声」で遊ぶことに始まるといえる[2]。遊びであるから、うたって遊んでいるうちにつくり替えが行われるようになる。本書の実践では、どれもまず子どもたちが身体を動かしてうたって遊ぶ、真似してうたってみる、声に出して言ってみることから始められている。遊びの中で言葉や動きとの相互作用を繰り返し、その活動に十分に浸ることで、つくり替えてみたいという欲求が生まれる。それがうたが生まれる基盤となるのである。

## (2) 授業づくりの方法とポイント

## ①　授業構成の枠組み

では、うたいたくなる授業はどのように構成すればよいのであろうか。本書では授業づくりの枠組みを【経験─分析─再経験─評価】という単元構成で示している。それは、デューイの「教育は経験の再構成である」という理論に基づいた［経験─経験の反省］というサイクルの連続によって自分の経験を再構成し、成長していくという考え方である(3)。うたづくりを音楽科の学習として成立させるためには、この人間の成長という視点をもつことが重要となる。

| ステップ | 学習活動 |
| --- | --- |
| 経　験 | ○既存のうたをうたったり、対象とかかわって遊んだりする。<br>○うたの一部、あるいは全部をつくり替えたり、言葉からうたをつくったりする。 |
| 分　析 | ○指導内容が意識できるよう、指導内容を知覚・感受する。 |
| 再経験 | ○指導内容を意識しながら、うたにあった表現の工夫をする。 |
| 評　価 | ○つくったうたを聴き合い、交流する。 |

## ②　【経験】のステップ

### うたいたくなる状況をつくる

「構成活動」としてのうたづくりで重要となることは何か。それは、いかに子どもたちがうたいたくなる状況をつくるかということである。たとえば、《売り声》では、折り紙を使って自分たちで売りたい品物をつくり、声を出して売り歩いてみるという活動が行われている。折り紙で売り物をつくり品物の名前を連呼しながら売り歩くというのは遊びそのものである。遊びであるから、こうやったらもっとおもしろくなるのではないかと試行錯誤が始まる。売り声のセリフを替えてみよう、買いたくなるような言葉を入れてみようとどんどんつくり替えが行われる。このようなうたいたくなる状況をいかに設定するかがポイントとなる。また、《百人一首のうた》の事例のように、音楽が生成した時の状況を経験させることによって、うたいたくなる状況を設定することができる。百人一首でかるたとりをした後、「秋と私」をテーマに自然の中に散歩に出ることによって五七五七七の三十一の文字に自分の気持ちを反映させようと言葉を精選してうたをつくろうとする。

**言葉からうたへ**

《水のことばのうた》《どろだんごのわらべうた》では、既存のうたで遊ぶのではなく、たらいでの水遊びやどろだんご遊びが学習の出発となっている。遊びの中で対象とじっくりと相互作用することで聴こえてきた音や自分の内側に生じた思いを言葉で表してみるのである。その言葉を何度も唱えているうちになんとなく音の高低がつき、リズムが整ってくることにおもしろさを感じ、さらに言葉を唱えてみる。つまり、言葉を声にすることで言葉の韻律的側面が浮かび上がり、音楽のリズムや旋律といった要素に結びついていく。その繰り返しによって言葉がうたになっていく。

### ③【分析】のステップ

**つくったうたを客観的にとらえる**

学習として成立させるために、自分の活動を振り返る場面が必要となる。それが［経験の反省］である。学習のステップとしては［分析］の場面となる。ここは、つくってみたうたにどんな音楽の要素が用いられ、それがどんな感じを醸し出しているのかを意識する場である。つくったうたに取り入れられている要素に着目してクラス全体で聴き合うのである。この時に、着目する音楽の要素がこの単元で学ぶ指導内容となる。たとえば、《かぞえうた》では、「十の歌がなぜそんなに早くつくれたのか」という教師の問いかけに九までのフレーズと同じだったからということに気づく。同じフレーズが反復して《かぞえうた》がつくられていることに気づいた子どもたちは、反復することのおもしろさを「盛り上がる」「リズムにのる」と感じ取る。指導内容である「反復」のおもしろさに気づいた子どもたちは、反復を意識して表現を工夫しようと次の活動へ向かい始める。この場が「反復」を指導内容とした学習の場となるのである。

**比較聴取**

指導内容を意識させる手立てとして、指導内容とする音楽の構成要素がある場合とない場合を比較して聴かせる方法である。この場合、重要なことは教師があらかじめつくったものをもってくるのではなく、子どもがつくったうたを取り上げ、その効果に気づかせることである。それは、子どものつくったうたを取り上げることで子ども自身の問題としてとらえることができるからである。子どもの中から生まれたものは、子ども同士で共感し合えるものとなる。それを取り上げ、全体の場で問題提起することで、子ども自身が問題としてとらえることができるのである。《百人一首のうた》では、子どもがつくった短歌を取り上げ、抑揚がついているうたい方とついていないうたい方を比較している。友だちの歌であっても、同じ過程を経てつくったうたであるから、自分のうたに置き換えて考えることができる。そうすることで、友だちのうたを取り上げていたとしても、どう抑揚をつけたらよいか、どんな感じを表したいかといった自身の問題として考えることができる。ここで大切なことは、音楽の構成要素があるかないかを知覚させるだけでなく、その構成要素があることによって生み出されるイメージをもたせることである。抑揚をつけると「『家族みんなで』って家族で行くことを強調している」、抑揚がないと「普通に家族で行くみたい」といったように指導内容にかかわるイメージを意識させることが重要である。なぜなら、これが次の表現の工夫につながってくるからである。

### ④【再経験】のステップ

**自分の思いを表現する工夫**

指導内容である音楽の要素を知覚・感受したところで、自分のつくったうたに再び向き合い自分の伝えたい感じが出せるように表現の工夫を行う。うたわれている言葉は生活経験から生じている。したがって、イメージもどんどん分節化され詳細になりそれを表現しようと身体全体を使ってうたう姿が見られるようになる。つまり生活感情が吐露されるのである。事例14《百人一首のうた》では、「肌で感じる」のところで、だんだん遅く、消えていくようなうたい方をしている。これは冬の訪れを肌で直接感じるという言葉の意味的側面が実際に校庭で風に吹かれた時の感情と結びつき、だんだん遅く、しだいに消えていくようにうたおうと韻律的側面を変化させていったといえよう。それは、冬の訪れをしみじみと感じ取っているということを聴き手に伝えたいという意図が働いているからである。このように、生活経験に基づくうたづくりでは子ども自身の感情が素直に表現されるのである。

**うたわれる背景を意識する**

じゃんけんうたやかぞえうたは遊びとともにうたわれるという背景がある。朗々とうたい上げる和歌や短歌は、平安貴族が互いに歌を披露し合ったという背景がある(4)。そのような文化的背景を意識した場設定を行うことが子どもたちの表現を引き出すことになる。じゃんけんうたやかぞえうたは自分たちのつくったうたに合う動きを伴ってうたわれている。《八木節の囃子詞》では、相手を見ながら互いに囃し立ててかけ合うという形態をとることで囃す言葉に勢いがでてくる。このような環境設定をすることが子どもの感情を表現に結びつける大事なポイントである。

**⑤【評価】のステップ**

ここでは、つくってきたうたを互いに聴き合う場を設定する。最終発表では、うたのみ発表させるのではなく、動きを伴ったパフォーマンスにする等、そのうたにふさわしい環境設定を行うことが重要である。なぜなら、うたはそれが生まれ出た状況と身体感覚と言葉がしっかりと結びついた上で生まれるものだからである。また、指導内容である「抑揚」や「反復」等が学習できたかどうかをアセスメントシートで確認することによって音楽科の学習として学習状況を把握することが大切となる。

〔注〕

(1) 小島美子(一九八一)『歌をわすれた日本人』音楽之友社、四七頁。
(2) 梅本堯夫(一九九九)『子どもと音楽』東京大学出版会、四四頁。梅本は、人間の本性を「言葉をもった二足歩行の動物」と定義し、「言葉の遊び」としての「歌」と「歩行の遊び」としての「踊り」、すなわち歌い踊るということが人間の本性ともっとも密接に結びついた遊び行動であるとしている。
(3) 小島律子(二〇一二)「生成の原理に基づく音楽科の単元構成の論理」『学校音楽教育研究』Vol.16、三〜一二頁。
(4) 岡野弘彦(一九八二)『ジュニア版 古典和歌〔二〕』ブリタニカ、一四一〜一四二頁。平安時代に入り、連歌の会や歌合わせなど文学的遊戯が行われるようになった。

## 2 実践事例

### 事例1 《売り声》小学校1年生

**横山朋子**

売り声とは、江戸時代に物売りが路上で移動しながら売り物を売り歩く際、売り物の名称を何度も繰り返す中で生まれた独特の歌である。宮田章司『江戸売り声百景』[1]によれば、《張り板屋》《研ぎ屋》《雪駄直し》など、かつては人々の生活のごく身近にさまざまな売り声があったという。昭和初期でそのほとんどが途絶えてしまい、中には昭和四十年代まで聞くことのできたものもあったが、それでも戦前の雑多な、でも多彩な道ばたの商いの様子を思えば、戦後まで残ったものはごくわずかだとされている。

しかしその一方で《焼芋屋》《竿竹売り》などの売り声は、今もなお人々の生活の中に根づいており、子どもたちにとって身近な日本伝統音楽の一つということができるのではないか。そこで、本単元では子どもの身近な生活の中にある売り声を用い、自分で売り物をつくり、売り物のイメージが聴いている人に伝わるような売り声をつくらせたいと考えた。

売り声の特徴は、言葉の伸縮と言葉の抑揚にある。宮田によると、売り声には売り物のイメージを喚起するような工夫が行われている。たとえば、売り声「いーしやぁーきぃーもぉー、やーきたてぇーー。いーしやきぃいもぉーーーー」では「もぉーーーー」とだんだん音が流れていくことにより情緒が生まれる[2]というのである。だんだん音が流れるとは言葉を伸ばすことである。よって、言葉を伸ばしたり、縮めたりすることで売り物のイメージを表現できると考えられる。また、売り物を売り歩きながら何度も売り声を繰り返す中で、遠くにいる人にも伝わるように朗々と声を響かせるうたい方が生まれ、言葉の抑揚も強調されていくと考えられる。そこで、今回は売り声に見られる言葉の伸縮に着目し、言葉の伸縮の表現効果を感じさせることを学習のねらいとした。

売り声は、売り物を売り歩くという動作を伴う。売り物を売り歩く動きに合わせて売り物をアピールする言葉が生まれ、その行為を何度も繰り返す中で、言葉が伸びたり縮んだり、言葉の抑揚が強調されたりなどの変化が生じ、売り声が生まれていくのである。したがって、売り声をつくる場面では、まず売り物をつくり、それを売り歩くという場面設定を行った。

## ○授業の概要

指導内容：言葉の伸縮
指導計画：全三時間
［経　験］売り声を聴き、一緒にうたってみる。
　売り物をつくり、売り声をうたいながら売り物を売り歩くことを楽しむ。
［分　析］つくった売り声にはどのような言葉の伸縮があるかを知覚・感受する。
［再経験］言葉の伸縮を意識して、グループで売り声の言葉の言い回しを工夫する。
［評　価］自分たちのつくった売り声を発表する。
　言葉の伸縮についてのアセスメントシートに答える。

## ○子どもたちの様子

### (1) 言葉をうたう

#### ① うたわれる状況やうたの背景

最初に売り声《焼芋屋》を紹介したところ、子どもたちの間で笑いが起き、すぐに真似てうたい始めた。物売りの声色を真似る子どももいた。《焼芋屋》は「家の近くで屋台みたいなのが回っていて聞いたことがある」など、子どもたちの日常生活の中にあるうたであり、非常に親しみを感じているようであった。売り声の特徴について、《竿竹売り》では「たけっていうのがめっちゃ速くなっていました」「縮んでいるから蹟いた感じ」、《金魚売り》では「最後の金魚の縮むところが竹の縮むところといっしょだった」「(言葉が縮んでいるから）金魚が跳ねている感じ」など、特に言葉の縮むところに注目しており、言葉の伸縮とイメージを結びつける発言も見られた。さらに、全員で模唱する場面では伸ばすところで顔を左右に揺らしながらうたったり、縮んでいるところでは身体に力を入れ、後ろへ反るように動いたりして、売り声の言葉の伸縮におもしろさを感じているようだった。

次に、四人グループで売りたい物を決め、売り物をつくらせた。「何屋さんにする？」「ラーメン、ラーメン！決まり！」など活発な話し合いから始まった。カレーグループでは、「カレーに卵」「カレーってお肉入ってるやん」「お肉つくろう、私」「あ！　人参」といったように協力しながら売り物づくりが行われた。自分の好きなものを自由につくる活動の中で、気分が高揚し、「カレー」とうたいながらお皿をつくる姿も見られた。「（卵は）大人用は大きく、子ども用はスモール」「（お子様ランチは）後はデザートとか入れてなんかいっぱいまんたんにしよう」「デザート用のお皿もつくるねんで」「〇〇君が店長な」といったように活動の中で売り物に関するさまざまなイメージが広がっていった。

売り物をつくった後、物売りとお客さんに分け、物売り役の子どもたちに売り物をボードの上に載せて売り歩かせた。はじめはなかなか言葉が出なかったり、ぎこちなかったりしたが、お客さん役の子どもに「栗まんじゅう、これはミックスまんじゅう」と説明したり、お客さん役の子どもに「ちょうだいちょうだい」と声をかけられたりする中で、じょじょに他のグループに負けじと大声で自分の売り物をアピールするようになり、その中で売り声「カレーカレー。辛いカレー」「おおーだんごー」が生まれていった。

### ②　言葉の伸縮の意識

グループごとにそれぞれの売り声ができてきた段階で、売り声には言葉が伸びたり、縮んだりといった「言葉の伸縮」があることを意識させた。Aグループの売り声「くだものや」を取り上げ、Aグループの子どもたちに言葉の伸縮があるものと、言葉の伸縮がないもの（等間隔）をうたって示させ、それぞれどのような感じがするかを考えさせた。「伸びていたら、くだものやですよ、ここはくだものやですよって教えているみたいに聞こえているけど、伸びているところがなかったら、くだものやくだものやってくだものはどこだって呼んでいるみたいに聞こえます」「伸びる方は売り声だけど、二番目（言葉の伸縮がないもの）はくだものやだから看板の書いているのみたい」「上はうただけど、下は文章みたい」「（伸ばしているところは）力持ちの人が言っているみたい」などと、子どもたちは言葉の伸縮のあるものとないものが生み出す特質を対比的にとらえながら言葉の伸縮の存在を意識していった。

### (2) うたの表現へ

#### ① イメージの表現の工夫

グループで、言葉の伸縮を意識して売り声の表現の工夫をする活動を設定した。売り物を売り歩く中で各グループの売り声は自然につくり出されていったが、その売り声にはどのように言葉の伸縮がついているのか、またお客さんに売り物のよさを伝えるためには言葉の伸縮をどのように工夫すればよいか等を考えさせた。先の活動で、売り声「くだものや」の言葉の伸縮のあるものとないものを認識させる際、言葉に合わせて手をたたかせ、それを図で示す活動を行ったため、子どもたちはまず、手をたたきながら自分たちの売り声の言葉の伸縮がどのようになっているかを確認していった。はじめは売り声に合わせて手をたたいているだけであったが、しばらくすると言葉が伸びているところは背筋を伸ばし、縮んでいるところは前かがみになるなど、身体の動きを伴いながらより言葉の伸縮を大きくつけながら売り声をうたうようになった。このように身体の動きを伴いながら言葉の伸縮を意識することで、Bグループの「おにぎりや」は、自分たちの売り声とAグループの「くだものや」の売り声が似ていることに気づき、「自分たちのやで」と自分たちならではの売り声をつくりたいという思いを強めていった。そして、おにぎりができているという意味を伝えるために「おにぎーりーや（止める）おいしーおにーぎり（止める）おにぎーりーや」という間の工夫も生み出された。これまでは「くだもーのや、くだもーのーや」のようにお店の名前を売り声にしているグループが多かったが、「せせせせんべい」「おいしいごませんべい、のりせんべい」などの言葉の工夫による表現も出てきた。ここには、自分たちの売り物に注目してほしい、買ってほしいといった感情や、売り物のこだわりを伝えたいという思いが意識され、そのためにはどのように表現を工夫したらよいかを考えてうたづくりをするようになったことがうかがえる。

### ② つくられたうたの内容と構成

売り声は、子どもたちが自分のこだわりの売り物をつくり、その売り物を売り歩く中で生み出されていった。ここでは、自分たちの売り物に注目してほしい、買ってほしいという感情が土台となり、動きと言葉を何度も繰り返しながらお客さん役の子どもに売り物をアピールする中で言葉が洗練され、言葉に伸縮が付き、売り声がつくり出される過程を見ることができた。子どもたちのつくった売り物は「せんべい」「アイスクリーム」「昆虫屋」「ラーメン」「文房具」など好きな食べ物やこだわりのものであり、まさに子どもたちの生活経験そのものであった。たとえば、「すしや」グループは、最初は「すしやはー、いかがですかー」とうたっていたが、「新鮮なにぎりたてを売っていますよっていうことで、いっぱいお客さんにも来てほしい」という願いを込めることで「すしやー、すしやー、すしやー」と言葉を繰り返すようになり、いっぱいお客さんに来てほしいという思いが言葉の伸縮をより強調していったのである。

**《売り声》の譜例**

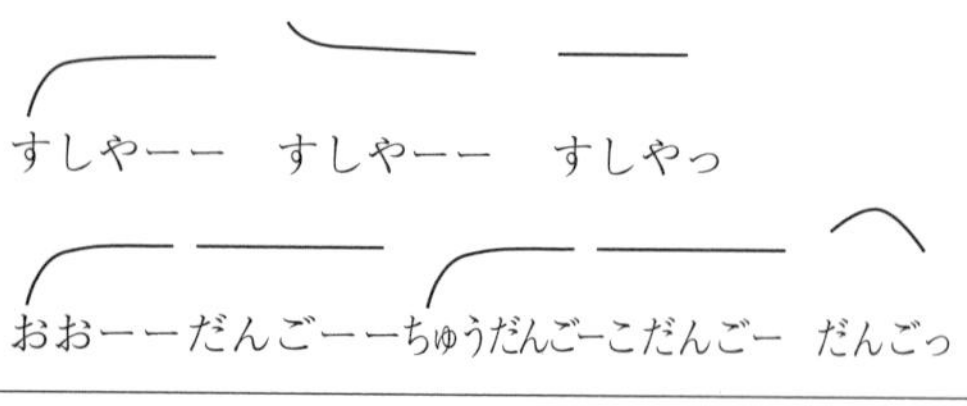
すしやーー　すしやーー　すしやっ
おおーーだんごーーちゅうだんごーこだんごー　だんごっ

## ○考察

### (1) うたづくりの基盤

売り声《焼芋屋》はだれもが耳にしたことのある生活のうたである。そのため、子どもたちは売り声を自分たちの周りにある身近な音楽としてとらえていたということができる。また、売り声《竿竹売り》を紹介する場面では「さーおだけっ」と極端に言葉を縮めるところで子どもたちの間に笑いが起き、縮め方を意識して模唱する姿が見られた。このように、極端に言葉を伸ばしたり縮めたりする売り声は、子どもたちにとって新鮮であり、売り声の言葉のリズムにおもしろさを見いだし、興味や関心をもって活動に参加していたと考えられる。

今回の授業では売り物をつくって売り歩くという活動を基盤とした。そのことにより、自分たちのこだわりの売り物を見てほしい、売り物のよさに注目してほしい、という感情が活動の根底となり、積極的に売り物をアピールしながら売り歩く行為が生まれていった。このように売り声づくりは、音楽と言葉、動きが密接に関係しており、歩く動きと売り物のアピールの言葉が結びつき、その行為を何度も繰り返す中で、売り物を売りたいという感情が直接売り声に表されるのである。さらに、自分たちのこだわりの売り物を見てもらいたいという思いが皆とは異なる売り声をつくりたいという活動意欲を生み出し、言葉の工夫が生まれていったと考えられる。

### (2) 文化とのかかわり

本単元で扱う「言葉の伸縮」とは、西洋音楽の「無拍」とは異なり、日本伝統音楽特有の日本語の言葉から生み出される伸縮のことであり、日本人のリズム感から生まれる要素である。今回の売り声では、言葉の伸縮は「くだものやですよ、ここはくだものやですよって教えている」というアピールや、「新鮮なにぎりたてを売っていますよ」という売り物のイメージを表現するための時空間にかかわる音楽要素として働いた。言葉の伸縮を意識して表現を工夫する中で、おにぎりができているという意味を伝えるために言葉と言葉の間を一旦止めるという工夫も生まれていった。言葉の伸縮の学習は日本の伝統芸能を味わうことにつながると考えられる。

## 事例2　《水のことばのうた》小学校1年生

髙橋詩穂

私たちの身の回りは、さまざまな水の音であふれている。たとえば蛇口をひねった時に出てくる水の音、おふろにつかった時の水の音、コップに水をそそぐ音など、同じ水であっても場面によってその音色は変わり、実に多様である。私たちは、それら一つひとつの音を容易に想像することができる。それは、多様な水の音が生活に根ざしているものであり、水がわたしたちの生活と切っても切り離せないものだからである。

また雨降りの日には、さらに多くの水の音と出会うことができる。「五月雨」「春雨」「秋雨」といったそれぞれの季節による雨の違い、「時雨」「豪雨」「霧雨」といった雨の降り方による雨の違い、日本には多くの雨の言葉があり、それだけ雨の音、すなわち水の音も変わってくる。

本単元ではこのように多様な水の音色を擬音語で言い表すことによって、その擬音語のもつおもしろさに気づかせ作品をつくらせたいと考えた。

擬音語は、ものが発する音を模倣し、言葉で表したものである。水の音色はさまざまな擬音語で言い表すことができる。水を強く打ったような「バシャンバシャン」、水遊びする時に聞こえてくる「ポチャポチャ」「チャプチャプ」、水がこぼれ落ちるような「ザー」「ジャー」、水たまりの上を歩くような「パチャッパチャッ」「ピッチャッピッチャッ」。これらの水の擬音語は、それら一つひとつから、その音が発せられた状況がイメージされるだけでなく、言葉にリズムがある。そこで今回は、指導内容を「言葉のもつリズム」とした。子どもたちが、水の擬音語がもつ「言葉のリズム」のおもしろさに気づくために、水とふれあう場を設定する。さらに引き出されたさまざまな擬音語をもとにつなぎあわせて一つのまとまりとし、身体の動きを伴いながら唱えることでイメージ豊かに表現を工夫しながら作品をつくるようにする。子どもたちは擬音語からイメージを働かせ、擬音語のもつ言葉のリズムを感じながら音楽づくりができるだろう。また、そういった多様な擬音語と出会い、言葉で言い表すことは、言葉を獲得していく1年生の子どもたちにとって、大切な学習といえよう。

### ○授業の概要

指導内容：言葉のもつリズム
指導計画：全三時間
［経　験］たらいに水をはり、手を使って水遊びをし、聞こえてきた音を擬音語で伝え合う。
　道具を使って水遊びをし、聞こえてきた音を擬音語で伝え合う。
　見つけた擬音語をもとに、グループで擬音語を組み合わせて、作品をつくる。
［分　析］中間発表をし、擬音語の作品を聴いてイメージした水の様子を伝え合い、擬音語によって表される雰囲気が変わることを確認する。言葉のもつリズムについて知覚・感受する。
［再経験］言葉のもつリズムを意識して、どういうお話にするのか、グループで相談し、よりお話の様子が伝わるようにどのような声にしたらよいか考える。
［評　価］つくった作品を発表し、交流する。自分たちの作品について振り返る。

### ○子どもたちの様子

#### ⑴　言葉をうたう

##### ①　うたわれる状況やうたの背景

はじめに、水の擬音語に関心をもてるように、たらいに水をはって用意し、手や道具などを使って水遊びをした。子どもたちは、たらいにはってある水を見ると、さわりたくてしようがない様子だった。まず、教師が手を使って水の音を出し「どんな音が聞こえてくるかな」と問いかけた。子どもたちは、「バチャバチャバチャ」「カシャカシャカシャ」と聞こえてきた音を擬音語で表し、「海の上を走っている感じがした」とイメージされた様子も答え始めた。「それはどうして」と問いかけると、「ポチャポチャいっていたから、リズムがドンドンドンと足音みたいに感じたから」と、擬音語の言葉のリズムに気づいていた。

そして、自分たちの手を使ってさまざまな水の音を出させ、聞こえてきた音を「バチャバチャ」「ポチョンポチョンポチョン」などと擬音語で表させた。「チャッチャ　チャチャチャチャ」と音高の変化も感じ取りながら擬音語に表す子もいた。さらに、おたまやスプーン、カップなどの道具を使って水の音を出した。手を使った時とはまた違った音色で、「ジョボジョボー」「チョロチョロチョロ」といった擬音語が生まれてきた。子どもたちは手や道具を使ってさまざまな音を出していくうちに、水の量による音の違いにも気づいていた。少ない時と多い時では擬音語も違い、イメージも変わってくる。さらに、「高いところから水を落とすと、ドドドドと大きい音がする」など、音の強弱にも関心を寄せていた。一つの擬音語でも、「最後が大きい音になって、ドドドドドとなった」というように音色の変化にも気づいていた。このようなさまざまな気づきを大切にし、子どもたちに「どんな音がしてきたのか」「どんな様子が思い浮かんできたのか」ということを問いかけながら、水とかかわらせた。

それぞれの活動の後、聞こえてきた擬音語を付箋に書き留めて画用紙に貼り付けた。子どもたちは、画用紙には貼り切れないほどたくさんの擬音語を書き出した。そして、書き出した擬音語を声に出していうようにし、その中で一人一つ、お気に入りの擬音語を決めさせた。擬音語を口に出していうだけで、とても楽しそうな様子であった。その一人一つ決めたお気に入りの擬音語の並べ方を考えてつなげるようにした。いろいろな並べ方を試してはは声をそろえていってみて、「ちょっといいにくい」「ここに間があいていたら、終わりって感じがしてしまう」など意見を交流しながら擬音語の並べ方を決めていた。また、擬音語の作品を唱えながら、動作もつけるようにした。はじめは、唱えながら歩いているだけのグループや擬音語に合わせた動きをしているグループもあったが、何度も何度も唱えていくうちに自然とまとまりができ、そこからお話をつくるグループも出てきた。

### ② 言葉のリズムへの意識

グループごとの作品ができたところで、子どもたちのいくつかの作品を紹介し、擬音語から生まれてくる言葉のリズムとイメージとのかかわりを意識させた。まず一つ目に紹介した作品は、「ツポッツポッ　バチャンバチャン　ジャー」という擬音語の作品で、グループの子どもたちは雨の様子をイメージしていた。「ツポッツポッ」のところで飛び跳ね、「バチャンバチャン」ではさらに高く飛び、「ジャー」のところは横へ身体を倒していく動きを伴っていた。子どもたちは、「バチャンバチャンのところは、海の浅いところを歩いている感じがした」「最後のジャーというところが波のような感じがして、上がったり下がったりしている感じがした」「ジャーというところが流れている感じがした」と、一つひとつの擬音語から思い浮かんだイメージを次々に発言していった。さらに、「最後のジャーというところは小さい声でいっていたので、静かに流れていく感じがした」と表現の工夫への気づきがあり、全員で最後の部分は小さい声でいうように意識しながら唱えてみた。

二つ目に紹介した作品で用いられた「ポチャポチャポ」と「ポーチャポーチャ」を比較し、「ポチャポチャポ」は跳んでいるようなはねるリズムだが、「ポーチャポーチャ」はのびていて流れるようだからはねないリズムだというように、言葉は同じでもリズムによる違いも意識した。

## (2) うたの表現へ

### ① イメージの表現の工夫

擬音語のもつ言葉のリズムからイメージされる様子を思い浮かべながら、それぞれの作品を唱えるようにした。

子どもたちは、唱えながらイメージされるものを話し合い、それらをつないでお話をつくった。そうすると、子どもたちの動作も変わってきた。「べェべェパカッ　ガシャガシャブクブクプツプツパッ　パシャーンパシャーンプクプクパッ」という作品をつくったグループは、それまで擬音語に合わせて歩いているだけだったが、「べェべェパカッ」のところは「水がはねる感じ」というイメージをもつことで、「パカッ」というところで、さっとしゃがむ動きが生まれた。「ガシャガシャブクブクプツプツパッ」のところは「ペットボトルの中に入った水」なので、身体をぶるぶる震わし、きつい声でうたうようにしようと話し合っていた。そして、「パシャーンパシャーンプクプクパッ」のところは「イルカが海の中からはねるよう」なので、「パッ」のところはしっかりと強い声でうたうように表現が工夫されていった。また自分たちでつけた『水とおどる人』というタイトルには、つくった作品への思いが表されていた。

### ②　つくられたうたの内容と構成

子どもたちは擬音語のもつ言葉のリズムから、自分の生活経験に根ざしたイメージを伴い作品をつくっていった。それらのイメージは水にかかわるものだけにとどまらず、言葉のリズムそのものから受けるサンタのすずや風鈴や鍵といったイメージへと広がっていった。イメージが伴うことで、音楽表現の工夫が生まれ、動作の工夫が生まれていった。

『水が流れるよ！』というタイトルの作品は「チャラパラチャラパラ　シュルシュルー　チャポン」というう た で、「風で水が流れて水たまりができ、洗濯物がとばされ、水たまりにおちる」様子を、強弱の変化やうたい方の工夫を意識して作品をつくっていた。子どもたちは「風がふくような声でうたう」「大きい声から小さい声でゆっくりうたう」と作品に合わせて具体的な歌唱表現を考え、見事にダイナミクスをつけながらうたっていた。

このように、子どもたちは自分たちのイメージを表現するために、うたい方や身体の動かし方を工夫することが

《水のことばのうた》の譜例

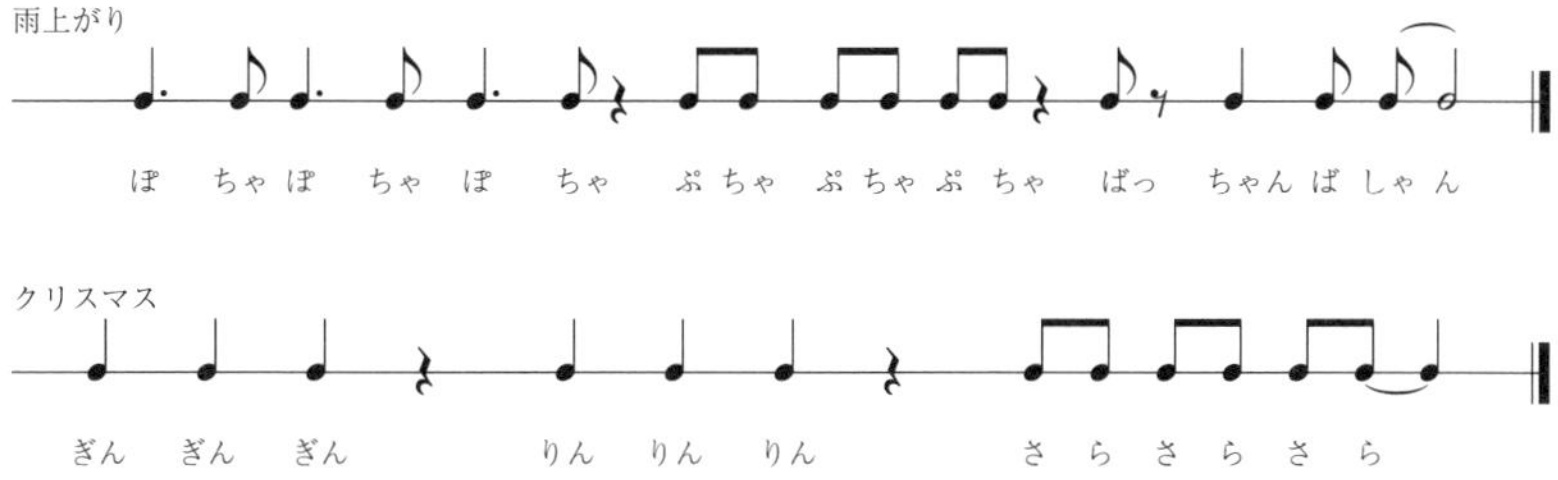
雨上がり
ぽ　ちゃ ぽ　ちゃ ぽ　ちゃ　ぷ ちゃ　ぷ ちゃ ぷ　ちゃ　ぱっ　ちゃん ぱ しゃ ん
クリスマス
ぎん　ぎん　ぎん　りん　りん　りん　さ　ら　さ　ら　さ　ら

できた。

### ○考察

#### (1) うたづくりの基盤

水の音色はだれもが聞いたことがあるものである。前述したように、私たちの生活と水は切っても切り離せないものである。子どもたちは、擬音語を唱えるうちに自分の生活経験を思い起こし、豊かなイメージを働かせて作品づくりへと生かしていった。「大雨が降っている」様子を表現するために強い声で速くうたったり、「水がゆっくり落ちていく」様子を表現するためにそっとゆっくりうたったりと歌唱表現が工夫された。また、「ポーチャポーチャ」としたゆったりした言葉のリズムに合わせて身体をゆっくり揺らしたり、「リンリンリン」のはねる言葉のリズムに合わせて飛び跳ねたいと、身体の表現も工夫されることで、より歌唱表現が体現されていった。

#### (2) 文化とのかかわり

本単元で扱う「言葉のもつリズム」とは、西洋音楽のリズムではなく、日本伝統音楽に通じる日本語の言葉から生み出される要素のことである。私たち日本人は、身の回りのものや自然の音を多様な言葉で表してきた。今回、水の音をさまざまな擬音語で言い表すことで子ども自身が元来もつ音感覚を呼び起こし、子どもがつくり出す文化としてのうたに生かすことができたと考える。さらに、日本音楽において用いられる口唱歌も音を言葉で表したものであり、「言葉のもつリズム」の学習は、日本の伝統芸能を学ぶ礎となるであろう。

## 事例3 《どろだんごのわらべうた》小学校2年生

廣津友香

子どもたちの生活において、遊びは欠かせないものである。学校生活でも、休み時間には楽しそうに遊ぶ姿があちらこちらで見られる。子どもたちは、遊びを通して友だちとかかわったり自然と触れ合ったりするなど、さまざまな経験を積んでいる。このことから、遊びを学習活動として位置づけ、その遊びの経験を表現の土台としてうたづくりができないだろうかと考えた。

そこで、総合学習(「しごと」の学習(1))を用いて、遊びからうたづくりをさせたいと考えた。学習活動としてどろだんご遊びを設定し、その遊びの経験やどろだんごへの思いをもとにうたづくりを行う。活動はすべて総合学習として扱うため、うたづくりについては総合学習の中で音楽科の側面を強調した活動ととらえて進める。

今回のうたづくりでは遊びを表現の土台とすることから、まずはどろだんご遊びを十分に楽しませたい。次に、その遊びの経験や遊びを通してもった思いを歌詞や旋律に表現する活動へと移る。このように、どろだんご遊びの活動を表現の土台としてその思いを歌詞や旋律に表現してうたづくりをすることを学習のねらいとした。

ここで取り上げるのは、うたづくりの経験がない子どもたちである。そこで、うたづくりをするために次のような学習過程を設けた。歌詞づくりは、どろだんご遊びの思いを言葉にすることで比較的容易に表現できるだろう。毎時間学習活動の振り返りをノートに記述し、その記述をもとに歌詞づくりを行う。旋律づくりは、旋律をつくるために必要な構成要素を見つける活動から始める。そのために、うたと文章とを比較する場面を設定し、その違いから拍やリズム、音の高低などの必要な構成要素に気づかせ旋律づくりへとつなぐ。今回の旋律づくりでは、ミソラの三音を扱った。これまでに、音楽科の学習でわらべうたに親しんでいたこと、日本語の抑揚に合っていることなどの理由からこの三音で旋律づくりを進めることにした。

### ○授業の概要

指導内容：拍、リズム、音の高低
指導計画：全十五時間
［経験・分析］　どろだんご遊びを楽しむ。歌詞をつくる。歌詞をふしづけてうたにする。
［再経験］　音の高低を意識して、どろだんご遊びのうたの表現を工夫する。
［評　価］　つくったうたをうたったり身振りをつけたりして楽しむ。

### ○子どもたちの様子

#### (1)　言葉をうたう

##### ①　うたわれる状況やうたの背景

まずは、個々にどろだんご遊びを楽しんだ。これまでに、休み時間や幼稚園でどろだんご遊びを経験している子どもも多く、どの子どもも意欲的に取り組んでいた。はじめは、どろだんごをつくることだけを楽しんでいた子どもたちだったが、そのうち形や大きさ、硬さなどにこだわってつくり始めた。その中で、Aさんがどろだんごをつくる時には水と土をどのぐらいの量で混ぜるとよいかと問題意識をもった。そこで、全員で水と土の分量について考える活動へと入っていった。予想を立て、実際に試すことで「水より土を多く入れるとバランスがいい」「水を多く入れすぎるとドロドロになってしまう」など、子ども自身でその答えを見つけることができた。

この頃、子どもたちは休み時間にもどろだんごをつくるほど、この遊びに夢中になっていた。そんな中、Bさんが自分のどろだんごに絵の具を塗り色つきのどろだんごをつくっていたことから、他の子どもたちも色つきのどろだんごをつくってみたいと興味を示した。そこで、色つきどろだんごをつくる活動を設定した。色つきどろだんごをつくるためにはどうしたらよいか方法を考える中で、つくったどろだんごに絵の具をつける方法だと外側に色がついただけで内側には色がつかない、内側にも色のついたどろだんごをつくるにはどうしたらよいのだろうか、と子どもたちは新たに問題意識をもった。内側まで色をつける方法として、カラースプレーをかければ中まで色がしみ込むのではないか、土にジュースや青汁を混ぜると色がつくのではないか、などの予想を立てた。実際に試した結果、土に絵の具を混ぜ込んでからどろだんごをつくることで、内側まで色がついたどろだんごをつくることができることを発見した。

このように、どろだんご遊びを通して問題意識をもち実際に試して確かめ、子ども自身の力で問題を解決しながら活動を進めていった。その中で、子どもたちは「もっとこんなどろだんごをつくりたい」「次はこういう活動をしたい」など、どろだんごに対する思いをじょじょに深めていった。子どもたちには、その思いを毎時間の振り返りとしてノートに記述させていた。その記述には、どろだんごへの思いが十分に綴られていたことから、この記述をもとにしてうたづくりをすることにした。

**② 三つの構成要素(拍、リズム、音の高低)への気づき**

子どもたちは、これまでにうたづくりの経験がなかった。よって、言葉にふしをつけてうたった「うた」と言葉をそのまま読んだ「文章」とを比較し、うたづくりに必要な構成要素を見つける場面をもった。この比較を通して子どもたちは「うた」には拍、リズム、音の高低があると考えた。これら三つの構成要素については、すでに音楽科で学習していたことである。「うた」と「文章」を比較することによって、子どもたちはこれら三つの構成要素を用いればうたづくりができると考えたのである。

そこで、まずは、筆者より振り返りの文章を五七五の形へと書き換えることを提案した。五七五の形にすると、文章にはなかった拍やリズムが自然と生まれる。そして、これまでに書き綴った振り返りを使えば、どろだんごへの思いをそのままうたに表現することができる。これらのことから、各自の振り返りを五七五の形にすることを筆者が提案し、歌詞づくりの活動へと入っていった。

（振り返りの例）　中まで色がしみ込む方法で正解だったのは、カラースプレーじゃなくて絵の具でした。たぶんカラースプレーは水に吸い込まれて、混ぜたら消えると思います。

（上述の振り返りを五七五の形へ）　失敗だ　カラースプレー　色つけが

このようにして、振り返りを五七五の形に変えることで、どろだんご遊びの思いをそのまま拍とリズムのついた歌詞（うたの原型）につくり替えることができた。子どもたちはこの中からいくつかよいものを選びつないで一つの歌詞をつくった。

歌詞ができ上がると、「ここはどうしたら気持ちがいいかなど考えながら音の高低をつくってうたを完成したい」と、子どもたちの意識は音の高低へと向いていった。そこで、子どもたちに何度も歌詞を読ませ、その言葉の抑揚から筆者が音をとるようにした。音は、日本語の抑揚に合うこと、これまでにわらべうたで遊んできた子どもたちだったことなどの理由から、「ミソラ」の三音を用いた。子どもたちの読む言葉の抑揚から出だしの音を「ラララソミー」と示したところ、これをきっかけとして続きは子どもたちがうたい始めた。

### (2)　うたの表現へ

#### ①　イメージの表現の工夫

筆者がピアノで子どもの声を拾いその音を全員で確かめながら旋律づくりを進めていたが、ある部分で「ラララソラー」と旋律の最後が上がる声と「ラララソミー」と下がる声があった。そこで、両方の旋律をうたい比べどちらがよいか尋ねたところ、下に下がる方が次に続くようでいいと感じた子どもと、（どろだんごを）楽しくつくったから高い音がいいという子どもとがいた。多くの子どもたちが後者に共感し、この部分の旋律の最後は上げることに決めた。子どもたちは、どろだんご遊びは楽しかったという思いを音を上げることで表現したいと考えたのである。このように、どろだんご遊びのイメージを旋律でも表現していこうとする姿が見られた。

子どもたちは、つくったうたを繰り返しうたい楽しんだ。繰り返しうたううちに、Cさんが「がんばるぞ」のところでじゃんけんを入れたいということを提案した。そのアイデアに子どもたちが賛同し一番の歌詞の最後にじゃんけんを入れることに決めた。再度うたい始めた時、次はDさんが立ち上がり筆者の弾く前奏に合わせて動き始めた。それはまるでどろだんごを探しに行くように、両手を大きく振って歩く動きだった。Dさんのその身振りを全体の場で取り上げたことから、他の子どもたちもうたに合わせて動き始めた。たとえば「ぺちゃぺちゃべちょべちょ」の歌詞ではどろの感触やどろの音を表すように友だちと手を合わせてたたいたり、両手をあげて頭の上で大きな丸をつくりどろだんごを表現したりするなど、どろだんご遊びをイメージしながら動きも工夫していった。

### ② つくられたうたの内容と構成

これらの歌詞には、どろだんご遊びの経験や遊びへの思いがそのまま表れている。たとえば「カラースプレー失敗だ　青汁まぜても色つかない」や「いっぱいつくれて楽しいよ　みんなと一緒につくったよ」のように色つきどろだんごをつくるために試行錯誤した経験や、どろだんご遊びが楽しかったという気持ちが伝わってくる内容であった。また、一番から五番の歌詞の順序についても子どもたちで考え、どろだんご遊びの活動過程の順にすることに決めた。最後に、子どもたちはでき上がったうたに《どろだんごのわらべうた》と題名をつけた。

## ○考察

### ⑴　うたづくりの基盤

《どろだんごのわらべうた》は、どろだんご遊びで経験したことや遊びを通してもった感情を歌ったものである。夢中になってどろだんごをつくったり色つきどろだんごをつくるために試行錯誤したりするなど、実際に遊びを経験することによって、「楽しい」「気持ちいい」「もっとこうしたい」などの感情が湧き上がり、それが後に歌詞や旋律に表現されていた。さらに、その思いは歌詞や旋律に表現するだけに留まらず、うたに合わせて身振りや遊びをつけて動きとしても表現していった。

これらのことから、どろだんご遊びという直接経験がうたづくりの基盤となり、うたづくりを進める原動力となっていたといえるだろう。どろだんご遊びに十分に浸ったからこそ、うたづくりでは、その経験や遊びに対する感情が歌詞、旋律、動きなどに表現されたと考えられる。

### (2) 文化とのかかわり

日本伝統音楽の源ともいえるわらべうたは、

**《どろだんごのわらべうた》の譜例**

4
8
どろだんご　しろい　おさとう　おけしょうす
いしをいれても　いろがつく　にねんつきぐみ　みんなでね
いろいろつかって　がんばるぞ

2．どろだんご　壁にくっつく大変だ　やっとできたぞこわれそう
ぺちゃぺちゃべちょべちょ気持ちいい　滑って落として硬いかな

3．実験だ　比べるためにやってみよう　中も色つけしてみたい
カラースプレー失敗だ　青汁まぜても色つかない

4．どろだんご　緑や青の絵の具でね　色つけるんるんどろだんご
絵の具でつけてきれいだな　色つけ実験成功だ

5．どろだんご　月に浮かんだ白さだよ　硬いか調べてつくろうね
いっぱいつくれて楽しいよ　みんなと一緒につくったよ

日本語のリズムや抑揚をもとにできたうたである。言葉から音楽が生まれる自然な流れに沿って、今回は言葉の抑揚から音の高低をとる方法でうたづくりを行った。その音の高低は結果的にはわらべうたの音階になった。この学習を通して日本語の言葉から音楽が生み出される過程を子ども自身が経験したことで今まで以上に日本伝統音楽を身近に感じ楽しむことができるのではないかと考えている。

## 事例4 《じゃんけんうた》小学校3年生

中村　愛

じゃんけんうたとは、じゃんけんをする時の掛け声として用いられるうたである。

子どもの遊びの中で伝承されてきたじゃんけんには、順番を決めるためのじゃんけん、グループ分けのためのじゃんけん、わらべうたとしてそれ自体が遊びになっているじゃんけん等がある。加古里子の『じゃんけん遊び考』(1)によれば、じゃんけんの起源は、中国から渡来した手形による数当ての大人の遊び「拳」であった。子どもがその複雑な拳の中から、自分たちに応じたものを選別点検し、片手で簡潔明瞭に三手形を示し、優劣関係を直ちにつけられ、他の遊びに即座に応用しうる石拳（グーチョキパー）を見いだしていったとされている。子どものじゃんけんは、地域によって言葉の言い回しに特徴が見られたり、流行の言葉に入れ替えたりと子どもの遊びの中で工夫と改変が行われていったものである。

本単元では、子どもの生活や遊びに根づいているじゃんけんうたを用いて、子どもたちの等身大の言葉によるうたづくりをさせたいと考えた。じゃんけんうたの特徴は、最後の勝負をつけるじゃんけんまでの緊張感を引き延ばし、楽しむところにあると考えられる。子どもたちは言葉の連なる句のまとまり感（フレーズ感）を感じながら、句と句の間（ま）を重ね、最後のじゃんけんで息を合わせるところまで気持ちを高めていく。そして最後にみんなで一斉にタイミングを合わせて間をとってじゃんけんをする。そこで、今回はじゃんけんうたをうたう行為に見られる間(2)に着目し、間の表現効果を感じさせることを学習のねらいとした。

加えて、じゃんけんうたはうたに動作を伴う。動作が楽しさを増し、言葉のうたい方を律動感あるものにしていく。したがって、つくる場面では動きながら、うたいながらつくっていけるような場面設定をした。

### ○授業の概要

指導内容：間

指導計画：全三時間

［経　験］じゃんけんうたにさまざまな種類があることを知り、遊びながらうたう。グループで自分たちのじゃんけんうたをつくって楽しむ。

［分　析］つくったじゃんけんうたにはどのような間があるかを知覚・感受する。

［再経験］間を意識して、グループでじゃんけんうたの表現を工夫する。

［評　価］グループで発表し、感想を言い合う。
間についてのアセスメントシートに答える。

### ○子どもたちの様子

#### (1) 言葉をうたう

##### ① うたわれる状況やうたの背景

全員で《お寺の和尚さん》をしてじゃんけん遊びを楽しみ、他にも知っているじゃんけんうたを紹介させた。その特徴がみんなに伝わるように、実演して紹介するように促し、みんなで遊んでみた。じゃんけんうたの歌詞に合わせた身振りの動作がついている《林の中から》、あいこなら何度も繰り返す《カレーライスじゃんけん》、一人対複数で勝負する《王様じゃんけん》等、子どもが普段の生活で使っているじゃんけんうたが出てきた。おもしろいことを人に伝えること、そして友だちと一緒になって遊ぶことはどの子にとっても楽しいようだった。大騒ぎで真剣にじゃんけん勝負をしていた。

次に、これらのじゃんけんはどのような状況でするのか、どのような気持ちでするかを思い出させ、「こんなじゃんけんうたがあったらいいな」という気持ちを窓口として、四人班でオリジナルのじゃんけんうたをつくらせた。

まず、どのようなじゃんけんうたがあると便利か、どのようなうたにするとじゃんけんがもっと楽しくなるかを一人ひとりに考えさせ、プリントに記入させた。次に四人班に分かれ、考えたことを意見交流しながらうたづくりへと進めた。「お菓子を選べる順番を決めるじゃんけん」と状況を設定してそれに合う言葉を決める班、身振りなどじゃんけんの動作を合わせて考える班等、つくる過程はそれぞれであるが、どの班も自分たちの生活経験から、鬼ごっこの鬼を決めるためのじゃんけんでこれから遊ぶわくわく感や、ジュースを選ぶ順番を決めるじゃんけんで、好きなジュースを選びたい、というような場面や気持ちを想像し、言葉や動きがしっくりくるものを見つけようとしていた。テーマを「学校じゃんけん」とした班では、第一時の個人の記述では「おかわりしたい人が多い時」「動物に触れる順番を決めるじゃんけん」「楽しそうにみんなと遊んで賑やかな感じ」とあった。そして、最終的には「みんなの意見をまとめよう　楽しくやろう　じゃんけんぽん」と包括的なも

**《じゃんけんうた》の譜例**

さいしょはグー
まけたらおにだ
おに　は　ぜん　いん
つ　か　ま　え　ろ
じゃん　けん　ぽん！

のとなった。「ワサビのじゃんけん」の班は、一人の子どもが出した「お茶の粉とワサビを間違えて食べてしまい、バニラアイスがほしくなる」という一人の子の案に、メンバーが自分のワサビを口にした時の経験を重ね合わせてつくった。このように個人から班へと段階的に進める中で、興味が集まり共感された題材がその班のオリジナルのじゃんけんうたの内容となっていった。

② **間の意識**

班ごとにオリジナルのじゃんけんうたの形ができてきた段階で、言葉の句と句の間には「間（ま）」があることを意識させた。子どものつくったじゃんけんうたを取り上げ、授業者が間のあるうたい方と間のないうたい方をして示し、それぞれどのような感じがするか、どのようなイメージがするかを考えさせた。その区別を明瞭にするために、子どもたちには間をとる箇所では息を吸って、次の言葉のタイミングを意識させて発声させるように促した。間がないと「苦しくなるから終わりに向かって速くなる」、間があると「うたいやすい」「じゃんけんがもっと楽しくなる」「リズムにのっていて明るい」等と、うたう時のそれぞれの感じの違いから間の存在を意識した。またじゃんけんうたは複数でうたうため、特に最後のじゃんけんでは息を合わせること、つまり間の取り方が重要ということから技能面への意識につながり、実際に間の取り方を練習する姿が見られた。

## (2) **うたの表現へ**

### ① **イメージの表現の工夫**

班で、間を意識してじゃんけんうたの表現の工夫をする活動を設定した。言葉の抑揚やリズムから自然とふしができていたが、どのように間をとるのか、あるいはあえて間をとらずにうたうのか等の工夫を考えさせた。「最初はグー、グーはグミ、チョキはチョコ、パーはパン、お菓子をねらってじゃんけんぽん！」では、はじめは「ねらって」のあとで息を吸って間をつくり、一瞬沈黙になる音楽的な緊張感を生み出すようにうたうことにしていたが、一方で「お菓子をねらってじゃんけんぽん」というように、ねらったお菓子を勝ち取りたいという意気込みから、間をとらず勢いよくうたうこともできるというような表現も出てきた。それぞれの表現について学び、実際にうたったり聴いたりして交流した。

また、うたと動きを同時に考えていた別の班では、「最初はグー、お茶の粉とワサビを間違えた、水をくれ（腕を前に差し出す）、大量に（身体の前で手で円を描く）、じゃんけん負けたらもらわれへん（首と手を横に振る）、助けてくだされじゃんけんぽん！」、勝ちの人は「助かった（両手を胸に置く）」、負けた人は「ヒーハー（両手を頬にあて上を向く）」」という具合に、うたに合わせた身振りの動きによって自然と間ができていた。これが間の工夫につながり、プリントに記入させると、「辛いからテンポよくして、間を短く、自分の中で辛いと思いながらうたってじゃんけんしてほしい」「助かった（両手を胸に置く）の後にウンが入るように、次の動作のヒーハー（両手を頬にあて上を向く）が言えるようなタイミング」等の工夫が見られた。ここには、間違ってワサビを食べてしまった時の感覚や感情が意識され、その時の混乱して焦るような状況を具体的にイメージして表現をするようになったことがうかがえる。

② **つくられたうたの内容と構成**

じゃんけんうたは、既成のじゃんけんやこれまで自分が遊んでいたじゃんけんをなぞりながら自分たちの言葉を生み出していく活動であった。そこには子どもの生活経験が表れてきた。「お菓子」「ジュース」「テレビ」「亀さん」などの好きなものや動物や「タイムマシン」という空想の乗り物の憧れから出てきた。そこには、それぞれの子どもの生活経験からくる感情が伴っていた。たとえば「おかしを食べて元気だぞ　くいしんぼうはだれだろう　絶対負けずにがんばるぞ　じゃんけんぽん！」は、どうしてもお菓子を食べたいという気持ちが伝わってくるものであった。

また、うたの構成に関しては、「ワサビのじゃんけん」のように、じゃんけんの特徴である勝敗と待望の水を得たリアクションの表現が一致するような、ストーリーになっているものもあった。

### ○考察

#### (1) うたづくりの基盤

じゃんけんうたは、だれもがうたったことがある。小学校では日常的に給食のおかわりじゃんけんや、鬼ごっこの鬼決めじゃんけんがされている。これらの場面はクラスの子どもたちに共通の日々の生活の一コマである。そこでは、給食をおかわりしたい気持ちや、鬼になりたくない気持ちなどの生活感情がじゃんけんうたをうたう行為を推進していく。そして、じゃんけんで勝負の決まった時の嬉しさやがっかり感で終わる。今回の授業ではこのような生活感情が根底にあることで、子どもたちは最後まで意欲を持続させて学習できたと考えられる。また、うたの言葉は、言葉だけで存在しているのではないことがわかった。班でじゃんけんうたをつくる際、立って輪になってつくった「鬼決めじゃんけん」の班は、言葉を発することと動きが関係をもって同時に出ていた。「鬼は全員つかまえろ」という言葉の部分では、全員が人差し指を頭に置き鬼になり、隣の子の肩をタッチするという動きがつけられた。このように言葉の意味を身振りに表す場合もあり、言葉のリズムを強調して表す場合もあった。動くことでイメージがもて、うたい方が表情豊かになり、うたうことで動きが表情豊かになるという相互作用が見られた。

#### (2) 文化とのかかわり

本単元で扱う「間」とは、西洋音楽の拍やリズム、休符の音価の意味の「間」ではなく、日本伝統音楽に通じる日本語の言葉から生み出される要素のことである。話し言葉や詩の朗読でも美しい間の取り方があるのと同様に、日本語のリズムや響きにあった間の取り方がある。今回のじゃんけんうたでは、間はじゃんけんへの「お菓子をねらって」という期待感や「じゃんけん負けたらもらわれへん」という緊迫感を表現するための時空間にかかわる音楽要素として働いた。この単元での間の存在への学習は、日本の伝統芸能を味わうことにつながると考えられる。

## 事例5　《かぞえうた》小学校4年生

大和　賛

かぞえうたとは、歌詞の中で数を数えながら進行していくうたであり、まりつきや羽根つきなど、数を数える遊びについたうたが多い。たとえば、まりつきでは《一もんめの一助さん》、羽根つきでは《ひぃやふぅ》、お手玉では《おさらい》などがある。また、数を数える遊びではなく、ジェスチャーを用いて遊ぶかぞえうたもある。《かぞえうたジャン》というじゃんけん遊びは、じゃんけんをすることに重点が置かれているのではなく、数を数えながらじゃんけんに至るまでに多様なジェスチャーを披露していくところに、おもしろさがあるとされる(1)。

今回の教材とした《ひとつひよこが》(2)も、ジェスチャーを披露するところにおもしろさがあるかぞえうたである。「ひとつひよこが～」「ふたつふねには～」というように、「ひふみよ」の音（おん）をふみながら、生活や世相をうたった歌詞が同一のふしにのってずっと続いていく。そこに歌詞内容を表す多様なジェスチャーをつけて遊ぶ。

この曲を用いて授業するにあたり、指導内容を「反復」に設定した。反復が生み出す律動感にのって動きをつけて言葉をうたうことで、さまざまな情景が次々と繰り広げられていくというこの曲の特徴を生かし、自由な発想力をもつ子どもたちに、替え歌によって自分たちのかぞえうたづくりをさせたいと考えた。

かぞえうたづくりをさせる時には、シートなどに記述させることなく、立って動きながらつくっていく場面を設定した。反復が生み出す律動感を身体で感じながら、言葉とジェスチャーを即興的に出し合いながらつくらせるためである。そして自分たちがつくったうたの工夫点を発表し、聴いている人たちに伝える練習をする中間発表と、「反復」を意識して各グループのかぞえうたをリレー奏する本発表を設定した。

## ○授業の概要

指導内容：反復

指導計画：全三時間

［経　験］《ひとつひよこが》で遊ぶ。グループで十のうたをつくる。

［分　析］一つから十のうたは同じフレーズが反復していたということに気づく。反復を知覚・感受する。

［再経験］グループで自分たちのかぞえうたをつくる。反復を意識して、つくったかぞえうたを発表する。

［評　価］反復についてのアセスメントシートに答える。

## ○子どもたちの様子

### (1)　言葉をうたう

#### ①　うたわれる状況やうたの背景

はじめて《ひとつひよこが》を聴いた子どもたちは、うたの中に出てきた言葉に興味を示した。「『ひよこ』出てきた！」「『よろい』出てきた！」や、「『タイドクネンネン』って何？」「『船頭さん』ってわからへん！」など、気づいたことや疑問を口々に言い合った。歌詞の中のわからない言葉を確認している時、一人の子どもが「ひとつひよこが」というように、数の頭の音（おん）が、次にくる言葉の頭の音になっていることに気づき発言すると、他の子どもたちはその時はじめてうたの仕組みに気づき、「ほんまや」と口ずさんだり、発表した子どもに拍手を送ったりしていた。

うたの仕組みを知った後、クラス全員で遊び、さらに三人グループで繰り返し遊んだ。子どもたちは遊びながら歌詞と動きが対応していることをつかみ、「番頭さん」のところで渋い顔をして深く手と足を組む、「よろい」のところで力持ちのポーズをする等、自分たちのイメージで動きを大げさにしたり、どんどん速くしたりして自分たちで変化させて楽しむ姿が見られた。

今回は自分たちのかぞえうたをつくることを目的としていたが、つくるという行為を学習として構えてさせるのではなく、遊びの中で自然に経験させようと考えた。そのため、はじめに十のうたは示さず九つまで遊んだ後、十のうたをみんなでつくることを提案した。すると次々に「友だち！　とうがらし！　とうもろこし！」という具合に「と」から始まる言葉が出てきた。そして「十で友だち一緒に遊ぼうタイドクネンネン」に決まった。その後「動きはどうする？」と問い、「友だち遊ぼう」に合う動きを出し合った。そして、腕を前にして走っていく動きに決定し、全員で一つから始め、つくった十のうたまで遊んだ。それからグループに分かれ、自分たちの十のうたと動きを考えて、みんなの前で発表した。つくられた十のうたは、「十で豆腐に醤油をかけようタイドクネンネン」や遠足で行った東大寺のことを思い出して「十で東大寺観光行こうよタイドクネンネン」など、各グループの個性が出ているうたであった。

### ②　反復の意識

このようにして十のうたをつくった後、教師は「どうしてそんなに早くつくれるの？」という問いを投げかけ、子どもたちにその理由を考えさせた。

問いを解決するために、まず教師は九つと十のうたを続けてうたった。聴いた子どもたちは、「リズムが合っている」「リズムが揃っている」「リズムが決まっている」と、リズムに注目した。次に、九つと十のうたをハミングでうたったものを聴くと、「音が同じ」「音程が同じ」「使っている音が決まっている」と、音程が同じだったことに気づいた。そして最後に一人の子どもが、「一つから十まで、何から何まで同じだ」と発言した。そこでみんなでうたったり聴いたりして確認し、このうたが一つから十まで、同じフレーズが繰り返し出てくるという特徴があるということを理解した。そして自分たちが十のうたをすぐにつくることができたのは、一つから九つまでのフレーズを「反復」させてつくったからだという、指導内容の学習へとつながった。

反復という用語を知った後、五回反復している五つまでのうたと、反復していない一つだけのうたを比較聴取し、それぞれのイメージについて考えた。一人が「反復している方は、だんだん盛り上がっていくような感じ、反復していない方は、さみしい感じ」というと、さらにもう一人が「盛り上がる感じがするのは反復するとうたにたくさんの人やものが出てくるから。さみしい感じがするのは反復しないので、ひよこしか出てこないから」と、反復という構成原理の特質から感受したことの発言が出てきた。また「反復している方はリズムにのっているけど、反復していない方はすぐに終わるからまだリズムができていない」と、フレーズの反復が生み出す律動感という観点からの意見も聞かれ、各自が反復の特質を自分の言葉で発表できていた。

### (2) うたの表現へ

#### ① イメージの表現の工夫

最後に、グループで三つまでの自分たちのかぞえうたをつくった。子どもたちは、十のうたをつくった時と同じように、それぞれが思いついた言葉と動きを提案し合ってつくっていった。「一つ『ひ』……飛行機！」「飛行機いいな！」「両手広げてビューンって動きにしよう！」というように、一人の提案から広がっていき、それがグループの全員に共有されると、採用され残っていく過程が見られた。この時、まずはつくることに集中させるために、考えたものを書きとめるシートなどは渡さず、立って動きながらつくることを指示した。ねらい通り、立って動きながらつくっていくことで、言葉と動きが関連したうたが生み出されていった。「一つ姫様ドレスがきれいだタイドクネンネン」というチをつくったグループでは、ドレスの裾をもって一周回る動きや、膝を曲げてお辞儀する動きなどいろいろな動きを試しながら、「その言葉やったらこっちの動きの方がいいよ！」と、どんどん発展させて進めていた。また、ただ言葉をつくってうたって終わりにするのではなく、聴いている人たちに伝わる音楽的な表現や身体的な表現を工夫することを課題とした。課題を出す際には、《ひとつひよこが》の九つのうたを例に挙げ、「重い小判を三〇分かけておじいちゃんのお家まで歩いてもっていく」という具体的な状況をイメージし、表現の工夫をすることにした。子どもたちから提案された工夫は、音楽的な表現では「苦しそうにうたおう」「ゆっくりうたおう」、身体的な表現では「腕を下げてのろのろ動こう」「顔を歪めよう」などである。これらの工夫を実際に試し、自分たちがかぞえうたをつくっていく過程でどのように表現を工夫していけば良いのかを全員で確認した。中間発表では、自分たちのかぞえうたの工夫点をみんなに説明してからパフォーマンスし、工夫が伝わったかどうか聴き手と確認し合った。

### ② つくられたうたの内容と構成

つくられたうたはどのうたも、同一のフレーズを反復したものになった。そこに自分たちがつくった言葉をうまく入れ込んでいた。そして、その歌詞内容をどう表現したらより人に伝わるようになるかという表現の工夫へ関心を向けていた。たとえば「三つみんなにおどかされてタイドクネンネン」といううたをつくったグループは、驚かされてはっとなる様子を「おどかされて」の「お」にアクセントをつけることで表し、また手を上に挙げる動きで驚く様子を表した。

つくる段階は、言葉を出し、その動きをつけるというように即興的であったが、表現を工夫する段階では、言葉のもつイメージから話し合い、歌詞と動きの表現を工夫していた。この工夫は子どもたちの過去の経験や普段の生活経験が材料となっていた。

## ○考察

### (1)　うたづくりの基盤

子どもたちのかぞえうたづくりは、「『ひ』から始まる言葉……一つ目小僧！　おばけの動きにしよう」というようにアイデアを出し合い、即興的に言葉と動きを考えて進められていた。その後、表現を工夫する段階では、言葉と動きから、「おばけだから声を小さく震わせてうたおう」「一人が一つ目小僧の役になって、あとの二人は逃げるように動こう」など、どのような声の出し方か、どれくらいの大きさでうたうか、動きはどれくらいの大きさかなどを、身体と言語、双方をかかわらせて表現を工夫していた。そこには子どもたち自身の過去の経験や、現在の生活の経験が友だちとの身体と言語によるコミュニケーションによって融合され、表されていたといえる。

### (2)　文化とのかかわり

かぞえうたは、その時代の子どもの生活経験を反映した言葉と遊びとともに発展してきたうたである。もともとの歌詞には、薬箱をもって往診する「医者さん」や店を仕切っている「番頭さん」など当時の生活の様子がうたわれていた。今回のうたづくりでは夜に仕事から帰宅する父親を思い浮かべて「父さん帰ってきたよ」や、近頃ニュースとなっていた「富士山世界遺産」など、今を生きる子どもたちの生活経験が強く出ていた。これは、かぞえうたの成り立ちに沿って現代の子どもたちが文化をつくり出しつつある姿といえるのではないか。これはどの時代にも共通するものと考えられる。

**《かぞえうた》の譜例**

手を広げ上に挙げる
mf
f
み っ つ　み ん な に　お ど か さ れ て　タイ ド ク ネン ネン

# 事例6　《八木節の囃子詞》小学校5年生

太田紗八香

八木節とは、大正から昭和の初期頃より群馬県で盛んにうたわれるようになり現在に至るまでうたい継がれてきた代表的な民謡(1)であり、「八木節様式」といわれる特徴をもった民謡である。小泉文夫によると「八木節様式」の多くは没個人的な共同体験的な感興をうたったもので、集団的な表現であるといわれている(2)。「八木節様式」のリズムの特徴は「軽快な二拍子にのって、叙事的な歌詞が次々と何節も長くうたわれるあいだ、そこにはいささかの変速やリズムのくずれも現れてこない」(3)点にあるという。

本単元では、八木節で囃される囃子《はやし》詞《ことば》(4)をヒントに、掛け合いのある囃子詞を教材とする。八木節の囃子詞の特徴は、八木節の躍動感あるリズムにのせて踊りと共に威勢よく囃されるところにある。八木節において民衆が踊りながら囃子詞で囃すことの醍醐味は、それらが掛け合いになっているという仕組みから、意味は通じなくとも掛け合いしながら囃すことによってその空間の共有者となり、他者を感じながら自分がそこに存在していることを実感することができる点にあると考える。そこで、今回は八木節の中で囃される囃子詞に見られる掛け合いに着目し、掛け合いの表現効果を感じながらオリジナルの囃子詞をつくることを学習のねらいとした。音源には実際の祭囃子のものを使用し、身体に八木節の祭囃子のリズム感を浸透させる中で自然と吐露した言葉から、現代の子どもの等身大の囃子詞へと導いていく場面を設定した。

**○授業の概要**

指導内容：掛け合い

指導計画：全三時間

［経　験］《八木節》の足取りを真似て踊り、掛け声も囃す。
［分　析］《八木節》の囃子詞の掛け合いについて知覚・感受する。
［再経験］掛け合いを意識して、囃子詞を工夫してつくる。
［評　価］つくった囃子詞を発表する。掛け合いについてのアセスメントシートに答える。

## ○子どもたちの様子

### (1)　言葉をうたう

#### ①　うたわれる状況やうたの背景

まず、群馬県の祭囃子として演奏されている八木節を実際の祭の映像と共に見せた。「いろいろな楽器の音が混ざって盛り上がる」と、子どもたちは八木節のお囃子が生み出す雰囲気を祭の空間まるごとを映像から感じ取っていた。次に、囃子詞を唱えながら実際に八木節の足取りを真似て踊った。ここではじめて囃子詞と出会った子どもたちは「すっちょい　すっちょい　すっちょいなっと」といった独特の言い回しをすぐに気に入り、自然と声が大きくなり威勢の良い掛け合いになっていった。囃子詞と足取りを通して八木節のリズム感を身体に浸透させた子どもたちは、足取りに合わせて畑を耕すような手の振りを加えたり、「イエーイ」と合いの手を入れて飛び跳ねたりなど、囃子詞を唱える行為に伴う開放的な身体の動きを無意識的に生じさせていった。思いきり声を出して囃子詞を唱えながら踊ることを十分経験したあとには「難しかったけど楽しかった」と満足感に満ちた感想をもっていた。

#### ②　掛け合いの意識

囃子詞を囃しながら踊れるようになってきた段階で、もう一度囃子詞に着目させ、掛け合いをしながら唱えていたことを意識させた。教師が掛け合いをする場合としない場合を唱えて示し、耳から聞こえてくる囃子詞から

**《八木節の囃子詞》の譜例**

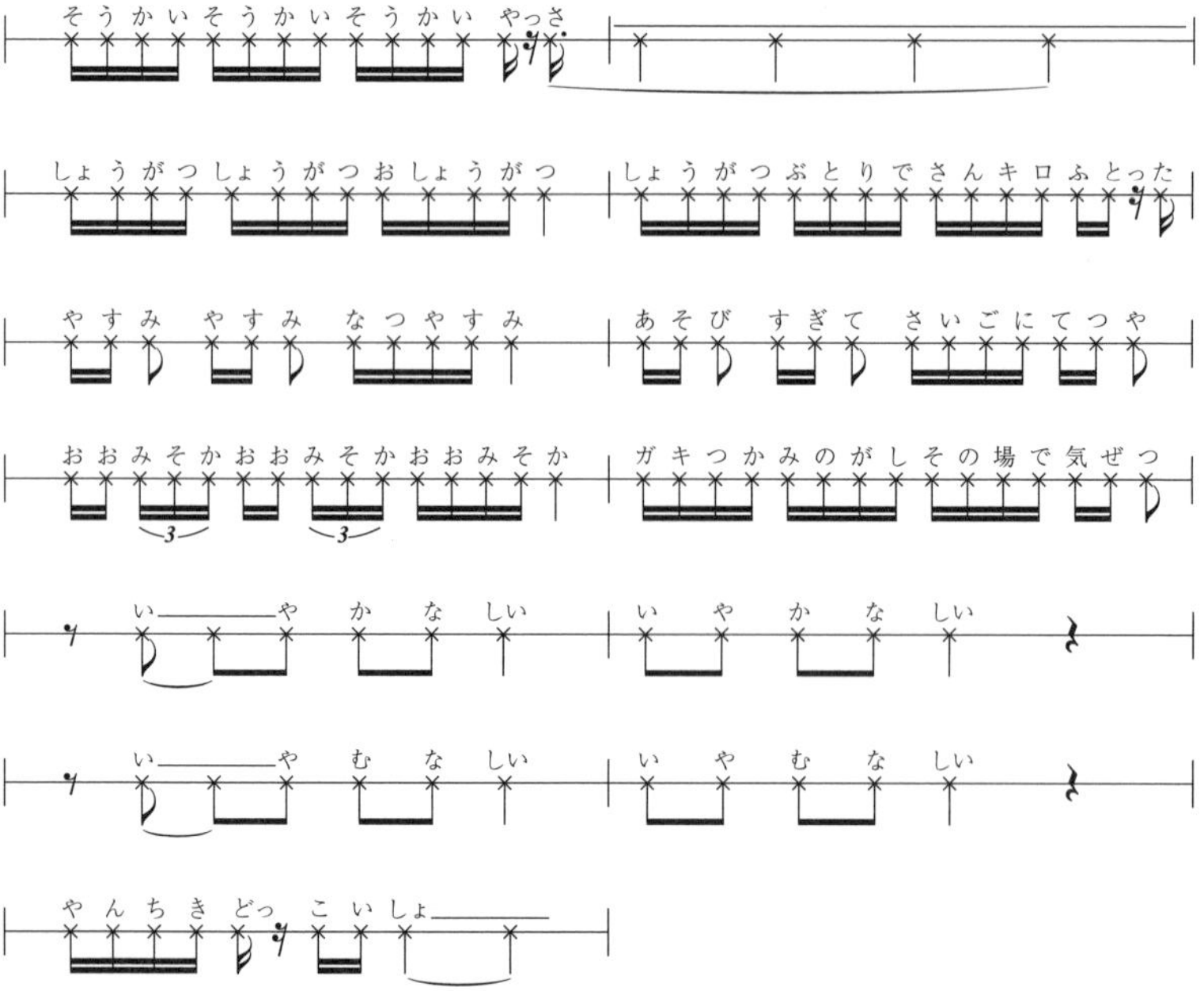

そうかいそうかいそうかい　やっさ
しょうがつしょうがつおしょうがつ
しょうがつぶとりでさんキロふとった
やすみ　やすみ　なつやすみ
あそび　すぎて　さいごにてつや
おおみそかおおみそかおおみそか
ガキつかみのがしその場で気ぜつ
い——やかなしい
いやかなしい
い——やむなしい
いやむなしい
やんちきどっこいしょ——

それぞれどのようなイメージがするかを考えさせた。掛け合いをすると「いっぱいの人で隣町と隣町がけんかしているみたい」、掛け合いをしないと「お祭りじゃないみたい」等、それぞれのイメージの違いから掛け合いの存在を意識した。また、掛け合いを意識して囃子詞をつくるために、近くの友だちと向かい合って踊りながら即興的に思いつく言葉を出させた。ある子どもから出てきた「ラーメン　ラーメン　ラーメン　ラーメン」という言葉に対してどんな答えで返そうかと考えた際、他の子どもから「安いよ　うまいよ　ブタラーメン」という言葉が即興的にすぐに生み出され、掛け合いが問いと答えの構造になっているということを意識することができた。

## (2) うたの表現へ

### ① イメージの表現の工夫

次に、班で掛け合いを意識してオリジナルの囃子詞をつくる活動を設定した。常に八木節の祭囃子の音楽を流している音環境の中で円になり、身体を動かしながら即興的に生じた言葉を生かしていくように意識させた。

ある班ではふとA児が唱えた「かくれんぼ　かくれんぼ　かくれんぼ」という言葉に対してB児が「砂漠に隠れてミイラになった」と反応して唱えてみせた。偶発的に生まれた掛け合いの言葉が拍にぴったりはまったことに、班員全員が満足そうにしていた。また、別の班では「金麦　金麦　金麦　金麦」「ウイスキー　ウイスキー　ウイスキー　ウイスキー」等、お酒の種類を掛け合いにして唱えていた。このように即興的であった言葉を組み合わせていく中で膨らんできたイメージを「○○の掛け合い」として設定させるよう促すと、本来深い意味をもたない囃子詞の中に子どもたちなりの意味を見いだし、実におもしろい掛け合いの囃子詞ができ上がっていった。

### ②　つくられたうたの内容と構成

創作した囃子詞による掛け合いは、一定のリズムにのって相手に言葉を受け渡すことを繰り返しながら、イメージした設定の中で生まれた相手との言葉のやりとりを生み出していく活動であった。その基盤となっていたものは子どもの生活経験であった。「男子と女子」「ボケとツッコミ」「居酒屋の店員とお客」等のように、生活の中でごく普通に交わされる、ありふれた会話風景や自分自身の経験からくるリアルな気持ちが吐露されていた。どの作品にも、それぞれの子どもの生活経験からくる感情が伴っていた。たとえば「ホワイトデー　だれあげる?」「もらった人に　あげるかも!」は、思春期にさしかかる高学年の男子と女子のだれに好意をもっているのか知りたいという甘酸っぱい感情が込められているものであった。また囃子詞の構成に関しては、「らっしゃい　らっしゃい　らっしゃい　らっしゃい」「ウイスキー　ウイスキー　ウイスキー　ウイスキー」のように、同じ言葉を反復することによって掛け合いを楽しむ班や、「うどんも　そばも　麺類　最高」「ちゃんぽん　ラーメン　チャーシューつけて」のように、まるで会話をしているかのようなストーリー性の強い掛け合いになっているものもあった。

## ○考察

### (1) うたづくりの基盤

囃子詞は問いと答えという形式による掛け合いの中で子どもたちの生活感情を滑稽に表現する。問いと答えという形式が、意地の張り合いや互いに譲らない主張のし合いのような対立し合う感情を引き出させた。しかしその内容は「男子と女子のいい合い」「居酒屋の商人と客のいい合い」等に見られるように、子どもが生活の中で身近に経験し感じてきた、生活の一コマのようなリアリティに溢れるものばかりであった。このような子どもの中にある生活感情が問いと答えの形式にはまることにより、掛け合いの内容がより滑稽な現代版囃子詞をうたう行為を推進していく。今回の授業ではこのような生活感情が根底にあることで、子どもたちは最後まで意欲を持続させて学習できたと考えられる。

また、掛け合いの言葉は、言葉だけで存在しているのではない。「行事とオチの盛り上がってからの悲しい掛け合い」をつくった班は、「問い」では行事が楽しみで待ち遠しいという気持ちを、「答え」ではその時の失敗談をわざと入れることで悲しさやむなしさを、声色を変化させながら同時にジェスチャーも加えて表現した。「三キロ太った」という言葉の部分では腕で顔を隠して涙を拭うようなジェスチャーをつけ、正月休みに羽を伸ばしすぎて体重が三キロも太ってしまい情けないという生活感情を表していた。このように生活感情が身体の動きであるジェスチャーを引き起こし、掛け合いの声色が豊かになり、そこでまたイメージや感情が深化するという相互作用が見られた。

### (2) 文化とのかかわり

本単元で扱う「掛け合い」とは、囃子詞の中で囃されることにより自然と相手の存在を認め、相手との身体のリズムや呼吸を合わせるための要素として働いたといえる。相手がこういうならば、自分はこう返したいという言葉のやりとりの中で「もっと囃したい」という感情の高ぶりが生まれる。つまり、表現者である子ども自身もまた、自身の生み出した言葉のリズムに囃されるのである。今回の実践では、こうして共に囃子詞の表現者として存在している班の子どもたちとの間に一体感が生まれ、共通の目的をもった集団意識が芽生えていった。掛け合いをすることによって互いの身体のリズムが整えられ、一つの集団としての独自の呼吸が生まれる。このように身体のリズムを自然と整え、集団としての一体感を生み、独自の空間をつくり上げる掛け合いは、日本伝統音楽に通じる要素である。今回の囃子詞では、掛け合いは日本伝統音楽の真髄である共同体としての表現を味わうことにつながると考えられる。

## 事例7《相撲甚句》小学校6年生

椿本恵子

相撲甚句とは、福田永昌によると、力士がうたう民謡の一種であり、江戸時代より力士によって、地方巡業の土俵や祭りごと、祝いごとの席上で、口から耳、耳から口へとうたい継がれてきた七五調の囃子うたである。江戸時代末期から「相撲取節」として始まり、盆踊り唄から転化して、節は地域によって異なり伝承されている。歌詞は、七七七五の甚句形式が基本とされてきたが、明治末頃から名古屋甚句の影響で次第に字余りの長文句が多くなり、現在、花相撲や巡業の余興でうたわれているのは、新作以外は、明治末に流行ったうたか、その替えうたがほとんどである。横綱、大関の引退相撲では土俵歴、地方場所では、その土地の観光名所を織り込んだ新作が多く披露される。うたわれる際には、土俵上で五〜七人が輪になって立ち、輪の中央に一人が出て独唱し、周囲の力士たちが手拍子や合いの手を入れながらうたう。力士が、相撲甚句をうたいながら、円陣を組んで差す手・引く手、足を前後左右に運んで回るのは、相撲の型を表現しているといわれている(1)。

本単元では、このような相撲甚句の文化的背景を踏まえ、子どもたち一人ひとりのよさ・頑張りを伝える、子どもたちの等身大の言葉によるうたづくり、オリジナル相撲甚句づくりをさせたいと考えた。

相撲甚句の特徴は、自分のよさ・頑張りを朗々とうたい上げ、自分をアピールするところにあると考えられる。そこで、自分のアピールポイントを見つけたり、友だちに伝え合ったりしながら、まず言葉を考える場を設定する。そして、その言葉を繰り返し唱えることで、伝えたい気持ちに応じて言葉の抑揚が変化することに着目できるようにする。そして、グループで輪になり、一人ひとりの甚句を合いの手や手拍子で一緒に盛り上げながらうたい、共に聴き合いながらつくり上げていくことができる場を設定する。このような場を通して、言葉に込めた想いをより伝えるために言葉の抑揚に着目し、イメージに合わせて言葉の抑揚の工夫を重ねることで、言葉の抑揚の表現効果を感じさせることを学習のねらいとした。

## ○授業の概要

指導内容：言葉の抑揚

指導計画：全三時間

［経　験］白鵬の相撲甚句を聴いたり、さまざまな相撲甚句の映像を見たりして何をしているか想像する。相撲甚句の文化的背景を知り、自分たちの《相撲甚句》をつくる。

［分　析］言葉の抑揚のあるうたい方の《相撲甚句》と抑揚のないうたい方の《相撲甚句》を聴き比べ、言葉の抑揚を知覚・感受する。

［再経験］言葉の抑揚を意識して、オリジナル《相撲甚句》の表現の工夫をする。

［評　価］オリジナルの《相撲甚句》を発表し、感想を交流する。言葉の抑揚についてのアセスメントシートに答える。

## ○子どもたちの様子

### (1) うたをうたう

#### ① うたわれる状況やうたの背景

まず、多くの子どもたちが知っている力士「白鵬」の相撲甚句を聴き、模倣してうたう場を設定した。このうたが白鵬のこれまでの頑張りや、土俵歴をうたい上げていること、自分のよさをアピールしていることを共有した上で、そのよさを伝えるためにどのようにうたっているか、一緒にうたうことから気づくことができるようにするためである。自分のよさを自信をもってうたい上げている白鵬の相撲甚句は、子どもたちにとって共感しやすく、言葉の抑揚を真似てうたおうとする姿が何度も見られた。

次に、これらの相撲甚句はどのような状況で、どんな気持ちでうたわれているのかを想像させ、「自分だったら、こんなよさ・頑張りを伝えたいな」という気持ちを伝えるオリジナルの相撲甚句をつくる場を設定した。自分の頑張っていることや自分のよさを友だちとの交流から想起させ、それをもとに一人ひとりオリジナルの相撲甚句をつくることで、自分のよさをアピールする相撲甚句をつくることができるようにした。友だちから「素敵ポイント」を伝えてもらうことで、自分のよさをアピールすることに抵抗感を感じている子どもたちが自らのよさを感じ、自己肯定感を高めながら活動することができるようにした。「自分の今頑張っているところを伝える相撲甚句」「自分の好きなこと・こだわりを伝える相撲甚句」などのテーマを設定してつくり始める子、言葉の字数を大切に、よりイメージが伝わる言葉の抑揚を考えながらつくり始める子など過程はそれぞれであるが、いずれも自分のよさを感じ、自分をアピールすることの喜びを感じ、言葉を精選し、常にうたいながら、自らのイメージに最もふさわしいうたづくりをする姿が見られた。ある子どもは、自らのよさを「明るさ」と感じ、「南の太陽のよう」「いつも陽気で楽しい」「ニコニコ笑う」「家でもどこでも踊ってる」とイメージを膨らませていった。友だちと交流し合いながら創作する中で、「いつも踊ってるの、楽しそう」「みんなをワイワイ盛り上げてくれる」と、自らのよさを伝えてもらうことで、自分では気づかなかったよさを再認識し、うたづくりに生かしていく姿が見られた。

**② 言葉の抑揚の意識**

一人ひとりのオリジナルの相撲甚句の形ができてきた段階で、言葉には「抑揚」があることを意識させた。白鵬の相撲甚句を再度取り上げ、授業者が言葉の抑揚のあるうたい方と言葉の抑揚のないうたい方をして示し、それぞれどのような感じがするか、どのようなイメージがするかを考えさせた。その区別を明瞭にするために、ここでは、白鵬が幼い頃から努力を積み重ねてきたという、子どもたちがイメージを膨らませやすい箇所を取り上げた。その際、授業者のうたの音高が上下するのに合わせて手を動かすことで、より言葉の抑揚をとらえやすくした。言葉の抑揚がないと「なんかロボットみたいで気持ちがこもっていないみたい」、言葉の抑揚があると「とても頑張ったことが、より伝わってくる」「言葉の抑揚がたくさんついているといろいろな人生を歩んできた感じがする」などそれぞれの感じの違いから言葉の抑揚の存在を意識した。

### (2) うたの表現へ

**① イメージの表現の工夫**

言葉の抑揚をつけることによって、言葉に込めたイメージが膨らむことを理

《相撲甚句》の譜例

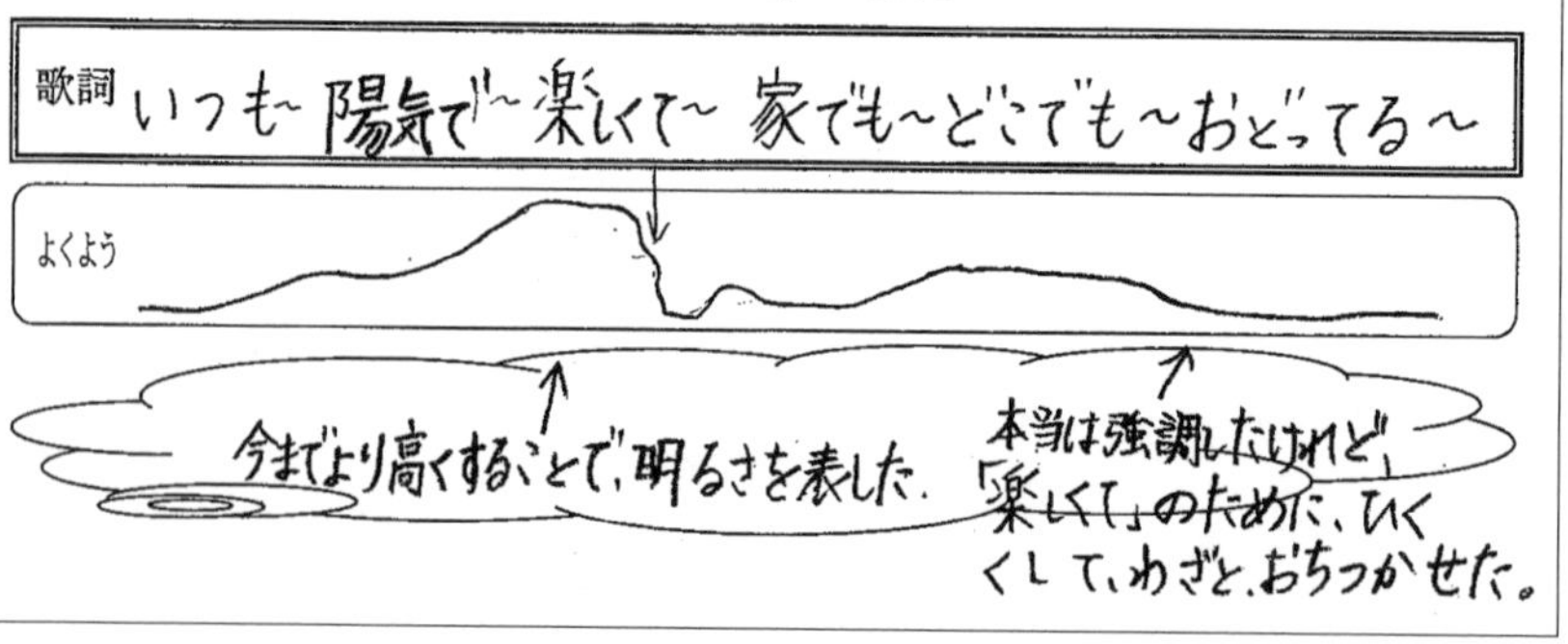
歌詞
いつも〜陽気で〜楽しくて〜家でも〜どこでも〜おどってる〜
よくよう
今までより高くすることで、明るさを表した。
本当は強調したけれど、「楽しくて」のために、ひくくして、わざと、おちつかせた。

解させたうえで、言葉の抑揚を意識して相撲甚句の表現の工夫をする活動を設定した。前述の子どもは、言葉に込めたイメージをより伝えるために、言葉の抑揚を工夫していく中で、「みんなに伝わるぐらい大きな楽しさを感じているから、私って、常に踊っているのかもしれないな」とさらにイメージを膨らませ、「楽しくて」では音高を高くすることで、より強調させることができるのではないかと工夫していった。そして、最終的には、「いつも」「陽気で」「楽しくて」と順に音高を上げていくことで明るさが広がるようにしたいと表現の工夫を重ねていった。

また、同じグループの別の子どもは、〔分析〕を踏まえ、「〔分析〕前のぼくのうたい方は、さっき聴いたロボットのうたみたい」と自らの演奏を振り返り、同じグループの言葉の抑揚が大きくついた演奏から「言葉の抑揚を工夫するとすごく気持ちが伝わるな」「言葉の抑揚をもっと工夫すると自分をアピールできるうたになるんじゃないかな」と言葉の抑揚の意味に気づいた。そして、「自分を応援する相撲甚句にすることで、自信をもってうたえるようにしたい」という最終目標のイメージから「言葉の抑揚」を工夫していった。「きらいなゲーム」のところは、いやな感じだから低い音でうたいたいけれど、「好きなゲーム」は、はやくクリアしたいから応援できるように大きな声でより言葉の抑揚を大きくつけてうたいたい、と表現の工夫を重ねていった。さらには、「あきらめる」というところはやる気がなくなった感じだからゆっくり低くしていきたい、と音高と速度など、他の音楽構成要素と絡めながら表現の工夫を重ねていく姿が見られた。

また、活動において、四人グループでお互いの表現をタブレット端末で撮影することで、表現の工夫が実際に伝わるように演奏できているかを、その場で確認した。「『楽しくて』ってところが、前よりもどんどん高くなっていくから、より楽しい気持ちが伝わるようになったね」「『陽気で楽しくて』ってどんどん気持ちが明るくなっていくから、身体を下から上へと上げていくと、よりイメージに合った抑揚をつけてうたいやすいな」など、表現したいイメージに照らして自らの技能の高まりを意識することができた。また、互いの表現を常に聴き合い、アドバイスし合いながら表現の工夫を重ねていくことで、互いの変容を感じ合い、よろこび合う姿が見られた。

### ②　つくられたうたの内容と構成

相撲甚句は、自分自身を改めて見直し、自らの言葉を紡ぎだしていく活動であった。そこには、子どものこれまでの生活経験から抱く「友だち思い」「見通し立ててもせっかち」「いつもだらだらまったりと時間をむだに過ごしてる」といったような自己認識や自らの生活への振り返りが伴っていた。たとえば、「いつもニコニコ笑います　見通し立ててもせっかちで　テキパキ動く六年生　友だち思いの女の子　楽しく明るく頑張るよ　夢見て元気に」は、自分の明るさ、前向きさで夢に向かって、友だちと一緒に頑張っているという気持ちが伝わってくるものであった。うたの構成に関しては、自らの人生をストーリー仕立てしているものや、自分のよさをたくさんつなげて、より自分のよさを伝わるようにしているものなどがあった。

## ○考察

### ⑴　うたづくりの基盤

相撲甚句をつくるにあたっては、自らの生活経験を振り返らせ、そこにある自らのよさや頑張りを自覚させることを重視した。そこを自覚させることで、「自分の明るいところをアピールしたい」というようなうたに込める想いに実感をもつことができるようになったと考えられる。そして、想いを表現するために言葉の抑揚を意識した工夫につなげていくことができた。つまり、自らの想いを音楽表現につなげていく中で、自然に言葉の抑揚という学習のねらいに子どもたち自身が迫っていったといえよう。

小学校高学年の子どもたちにとって、自分のよさを自ら感じ認めることは困難であることが多い。本実践における子どもたちにおいても、友だちのよさに憧れ、自らのよさをなかなか感じることができにくい実態があった。

今回の実践では、友だちと共にお互いのよさを認め合いながら活動することができるような場を意識して設定した。このことで、思春期ならではの自己表現への抵抗感のハードルが低くなり、最後まで意欲を持続させる活動となったといえる。そして、普段なかなかアピールできない自分のよさをうたにのせて表現する場を設定することで、自身の頑張りを認めることができ、普段なかなか口にできない自分のよさや頑張りを自信をもってうたい上げる自己肯定感が高められた姿につながった。

### (2) 文化とのかかわり

相撲は、日本に古くから伝わるスポーツであり、子どもたちはテレビやCMで力士を一度は目にしたことがあるが、相撲甚句はほとんど知らなかった。相撲甚句のうたい手は一人だが、合いの手や手拍子を入れる力士と共に演じられるという、独特のコミュニケーションの場がある。学習においてもこの場面設定を踏まえることで、相撲甚句が今日まで伝えられている源にあるよさを子どもたちも共有する姿が見られた。「みんなが合いの手を言ってくれると、もっとうたいたくなる」「手拍子を入れるとすごく盛り上がるね。『元気』のあとは、大きく打つ方がより盛り上がるね」と相撲甚句が伝承されてきたよさを体感していった。これは相撲甚句の成り立ちを追経験することで、子どもたちが自身の文化としての相撲甚句を再創造していく姿であったと考えられる。

## 事例8 《百人一首のうた》小学校6年生

山本祐子

百人一首は、室町時代にポルトガルから伝来したカルタと組み合わされ、江戸時代には遊びとして広まり、現在も、競技かるたやかるた遊びとして親しまれている。百人一首は、五音と七音の日本語を組み合わせ、たった三十一音の短い言葉で自分の心を表現しようとした先人たちが残した大切な日本の伝統文化でもある[(1)]。

本単元では、子どもたち自身によって百人一首をつくることで、その三十一音に込められた自分の思いを情感豊かにうたって表現させたいと考えた。

百人一首のうたは、そのうたい方に現れる、でこぼこしたり平らだったりする言葉の抑揚が特徴的である。現在、百人一首の読み方は地方によってさまざまであるのは、その土地の風習や文化、そこに生きる人によってさまざまに受け止められ、そして表現されているからであろう。つまり、短歌を解釈する人の思いによって言葉の抑揚も変わってくる。そしてその変化によって伝わるイメージも変わってくる。

そこで、本実践は、言葉の抑揚に着目し、言葉の抑揚の表現効果を感じ取らせ、自分のうたに込められた思いをうたって伝えることを学習のねらいとした。そして子どもたちが自分のうたをつくるに当たり、自らの生活経験を想起しやすいように直接的な自然体験をする場を十分に設け、短歌づくりに生かせるようにした。

## ○授業の概要(2)

指導内容：言葉の抑揚
指導計画：全六時間
［経　験］「百人一首」かるたで遊ぶ。短歌をつくってうたう。
［分　析］友だちのうたを聴き、言葉の抑揚を知覚・感受する。
［再経験］言葉の抑揚を意識して、「百人一首」のうたを工夫してつくる。
［評　価］つくった短歌でかるた大会をする。言葉の抑揚についてのアセスメントシートに答える。

## ○子どもたちの様子

### (1) 言葉をうたう

#### ① うたわれる状況やうたの背景

はじめに、三人対三人で向かい合って源平戦でかるた遊びを楽しむ場を設定した。子どもたちは、読み手である教師のさまざまな抑揚をつけた読みに真剣に耳を傾け、上の句と下の句を聴き、急いで取り札に目を走らせ、見つけた時には「はい」と嬉しそうな声を響かせた。当初はまだ慣れない様子もあったが、じょじょに盛り上がっていきグループで手をたたいてよろこぶ姿も現れ、たっぷりと楽しめたようであった。この遊びを通して、百人一首の五音七音のリズムにも親しんだところで、和歌である百人一首が、古くは自らの心を伝えるために用いられたものであったこと、つまり、五七五七七のたった三十一音に自分の想いを込めた手紙のようなものであったことを知らせた。このことをはじめて知ったと驚くような表情を見せたり、「百人一首がどう音楽につながるの？」とつぶやいたりする子どももおり、これからの学習活動への興味・関心が高まったと感じた。

次にいよいよ自分の短歌をつくる場である。「冬を感じる」をテーマに、実際に外へ出て目で見たり肌で感じたりしたことなどをイメージマップに広げる場を設定した。

子どもたちは、友だちと一緒に校庭の木の生い茂る森を歩き回ったり、遊具の上から遠くを眺めたり、池の氷に触ったりしながら自然との直接的な経験を楽しんでいた。「木が裸になっているからさみしい」「紅葉の色も赤から黄色」「雪山が見える」「この氷は薄いのかな」など友だちと話しながらたくさんの言葉を集めていった。

そして、それらを教室にもち帰って五七五七七の百人一首のうたにする時間とした。たくさんの言葉の中から、自分の世界に入って指を折りながら言葉を選んでいく子どももいたが、「思いつきません」という子も中にはいた。そのために、源平戦での三人と相手の三人の友だちが近くにいるようにし、そのグループの友だちや教師と相談しながら進めるようにした。「あとここだけ、ここの三文字を迷ってるんだよね」という子どもに対し、「木がやせる（はどう？）」とつぶやく子どもがおり、「木がやせるかぁ、木がはだかね！」というような対話によって、自分自身の納得のいく言葉を選び出していった。その時、気持ちに合う言葉を探すことができて満足したという表情を友だちに見せ、よろこびを分かち合っているようであった。すると、次第に教室の中に自分のつくった百人一首のうたをうたう声が響き始めた。しばらく自分のうたをうたって慣れる時間を設けると、棒読みに淡々と三十一音を流して読む子が多い中、抑揚をつけながらうたう子どもも増えてきた。

**② 言葉の抑揚の意識**

自分のうたをうたうことに慣れてきた段階で、言葉の抑揚を意識させた。子どものつくった百人一首のうたを取り上げ、その子のうたを聴く場を設けた。この子どものうたを取り上げたのは、言葉の抑揚が顕著に見られたからである。このうたをクラス全員でうたってみたところで、同じうたを、授業者が言葉の抑揚のないうたい方でうたって比較聴取させた。そして、それぞれどのような感じがするか、どのようなイメージがするか交流させた。そこでの気づきについて、その部分をみんなで何度もうたいながら手を使って言葉の抑揚を確認したり、板書でその抑揚を線で示したりして、音から気づいたこととそれによって感じられることを結びつけて考えさせた。そこでは、「さっきOさんは何か『家族みんなで〜』って上がっていく感じだったけど、先生の全部音程が一緒「先生が言ったのは、何か普通に家族みんなで行くみたいなんだけど、Oさんの方は、何か、家族のみんなのって家族で行くことを強調してるみたい」というような意見が交流された。この比較聴取の場を設定したことによって、音が上がったり下がったりするでこぼこのうたい方も棒読みのような平らなうたい方も、それぞれのうたい方でイメージが変わってくることを知覚・感受を通して理解し、言葉の抑揚を意識して再び自分のうたに向き合い始めた。うたいながら線を書き入れたり手を動かしたりして、抑揚を意識しながら自分の伝えたい感じを出せるようにと、うたい方を工夫していく姿が見られた。

## ⑵ うたの表現へ

**① イメージの表現の工夫**

言葉の抑揚を意識してうたの表現の工夫をする活動を設定した。子どもたちは自分の表現したいイメージを伝えるために、言葉の抑揚をどこでどのように用いるかを試行錯誤的にうたって試していった。ここでは、グループの三人と聴き合いながら進めることで、アドバイスを交わしながら工夫を深めた。「（ワークシートの『もみじ』という言葉に山のような線が描いてある）紅葉が色変わっていくところを強調したいから」といって抑揚の幅をどうしようかと相談しながらグループの子も一緒にうたってもらい意見を交わしながら自分の納得する表現へと工夫している姿もあった。

そこで、中間発表として、さらなる工夫をしている子どものうたを取り上げた。「強弱」と「母音の伸び」の工夫に特徴のある子どものうたである。それぞれのうたについて、「土へと返る、という時に、少し声が小さくなったので、存在がなくなった感じがしてさみしいな」「冬の～楽しみ～って伸ばしているから、楽しみが強調されている感じがする」というように、子どもたちは新たな要素の工夫に気づき、それによって生まれる特質を感受したことで、さらなる視点で自分のうたをイメージに近づけるような工夫を始め、うたい深めていった。ここでも、グループによるアドバイスや共感などの交流が活発に行われていた。

### ② つくられたうたの内容と構成

百人一首のうたは、自分の経験をもとに五七五七七の短歌をつくり、その三十一音に込められた思いを言葉の抑揚を生かして、自らうたって表現する活動であった。そこには、自然から感じたことやこれまでの経験からその時の思いを想起させる言葉が、その子自身の言葉で集められた。ある男児によってうたわれたうたは、「落ち葉揺れ　風がふーふー　ふいている　寒いけれども　冬の楽しみ」というものであった。「おちばゆれー」をはじめ勢いをつけて入り、ひとまとまりに最後を弱くしたうたい方で「落ち葉が風に吹かれ、左右に揺さぶられてだんだん落ちていく様子」を表現したり、「たのしーみー」を余韻を響かせ伸ばし、そして消えるようにうたって「冬が終わってもその次の季節に行く期待」を表現したりして、綴った言葉にある自身の思いを言葉の抑揚などのさまざまな要素を工夫することによって情感豊かにうたったのである。

子どもたちがつくってうたったうたは、指導内容の言葉の抑揚を用いることに留まらず、拍節感、母音を伸ばすこと、速度の緩急、声の音色、強弱の変化という要素を働かせ、実に多様な表現となった。

## ○考察

### (1) うたづくりの基盤

子どもたちにとって百人一首といえば、かるた遊びが最も身近であった。かるたを取るために聴いていた五七五七七の短歌のリズム、つまりその七五調のリズムは、俳句づくりをはじめ文部省唱歌の歌詞にあるものをうたった経験からもあって子どもたちには馴染みやすいものであったようである。さらに、六年生ということもあり、社会科での平安文化の学習においても和歌がうたわれたことを学んでおり、その当時の時代背景や文化的側面を踏まえ、和歌には四季や自分の心を歌に詠んだことへの理解も難しくなかったようである。そのような経験からも、七五調の音に自分の思いをうたう、というたづくりへの関心は高まったと考える。

**《百人一首のうた》の譜例**

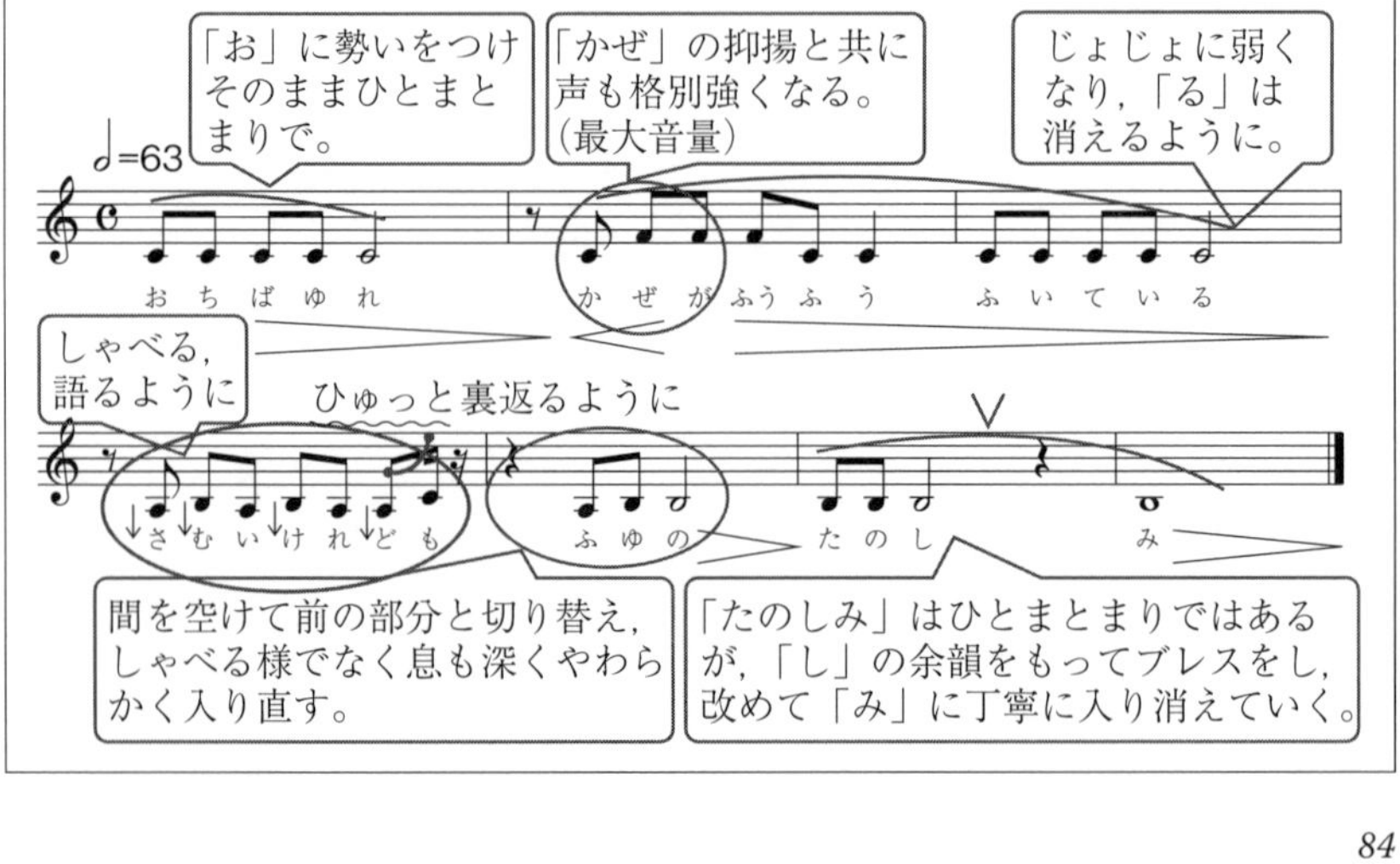
「お」に勢いをつけそのままひとまとまりで。
「かぜ」の抑揚と共に声も格別強くなる。（最大音量）
じょじょに弱くなり,「る」は消えるように。
♩=63
おちばゆれ
かぜがふうふう
ふいている
しゃべる,語るように
ひゅっと裏返るように
さむいけれども
ふゆの
たのし
み
間を空けて前の部分と切り替え,しゃべる様でなく息も深くやわらかく入り直す。
「たのしみ」はひとまとまりではあるが,「し」の余韻をもってブレスをし,改めて「み」に丁寧に入り消えていく。

また、何より自分たちが普段から当然のように用いている日本語、その日本語を用いて行う百人一首のうたづくりでは、言葉を選ぶ時に直接外へ出て、今この季節を実際に感じるという直接的な経験により言葉選びにも磨きがかかった。「僕は、冬にはあまりいいことがないと思っていたけど、この学習を通して冬にはたくさんの良い所が見つかりました」と振り返った子どももおり、自分の経験から精選してつくった三十一音のうたであったからこそ、自分のイメージが伝わるようにうたいたい、と最終発表のかるた大会まで意識を継続させて学習活動を進めることができたと推察できる。

### (2) 文化とのかかわり

授業後の子どもたちの言葉に、短歌や百人一首について、「自分の気持ちを遊びながらうたにして表せるってすごい」「昔の人は自然などへのいろいろな感性があるんだなぁ」「一人ひとりの思いがつまっていて聴くと想像もふくらんで楽しかった」というものがあった。「日本の文化」に触れたこと、しかも音楽として経験したことは意外性もあったようで、改めて日本の文化に対してそのよさを見直すことにもつながったようである。まさに子どもたちのうたったうたには子ども自身の思いや四季を感じる言葉が生き生きと綴られた。そしてその味わいを自分自身の声で響かせていた。

## 事例9 《生活のうた》小学校6年生

楠井晴子

《生活のうた》は、その子しか知りえない「生活」の事実をうたにしたものである。そこでは、子どもが生活の中で経験した他愛もないことや、生活をしていく中で、子ども自身の心に降り積もっていく思いや願いなどの生活感情がうたとなってうたわれる。

この《生活のうた》という名前は、子どもの「生活」を基盤としたうたづくり実践の中で、筆者が名づけたものである。

小島美子は、「とにかく日本人は、もともとよくうたう人々だった。というよりも、歌は人が人らしく生きるために必要な、非常に大きな表現手段だった」(1)という。

かつての日本人は、ぐちをこぼすのもよろこびを語るのもうたをうたって表現していた。そして言葉ではいうことのできない本音も、うたうことによって率直に表現してきた。このような、人が人らしく生きていくためのうたが本来もつ機能を、今を生きる子どもたち一人ひとりの手に取り戻してやりたいと思った。

そこで本単元では、日本語の話し言葉の延長である、わらべうたの三音階を用いて自己の内面をうたで表現するという、うたづくりの活動を考えた。今回用いたわらべうたの音階は「ミ、ソ、ラ」の三音階である。

まずはこの、日本語の話し言葉の延長であるわらべうたで遊んでみた。用いたわらべうたは《おすわりやす》である。わらべうたを歌って遊ぶことを通じて、飾らない自分自身の声を自然に表に出させる場面を設定した。次に、わらべうた《おすわりやす》の替え歌をつくって、班でうたい合った。これにより、わらべうたの音階が言葉を介して自然に子どもたちの身体の中に入っていくことをねらった。

これらを踏まえて、わらべうたの三音階を用いて自己の生活をうたで表現する、《生活のうた》づくりの活動へと発展させた。そして自己の《生活のうた》により、自己の内面をうたで表現することを学習のねらいとした。

**○授業の概要**

指導内容：旋律（音階）

指導計画：全八時間

［経　験］　わらべうた《おすわりやす》をうたって遊ぶ。《おすわりやす》の一部を替え歌にして遊ぶ。

［分　析］《おすわりやす》を自己の生活をテーマにした「生活替え歌」にして、グループでうたう。
［再経験］《おすわりやす》の構成音を調べ、音階をつくり、音階のもつ感じやイメージを出し合う。
《生活のうた》の歌詞を普段の生活で用いている話し言葉でつくる。
等を用いて、「ミ・ソ・ラ」の三音を使って《生活のうた》をつくる。
［評　価］各自がつくった《生活のうた》をクラスで発表し、発表を聴き合い、批評し合う。
音階についてのアセスメントシートに答える。

## ○子どもたちの様子

### (1) 言葉をうたう

#### ① うたわれる状況やうたの背景

最初に、わらべうた《おすわりやす》を皆でうたって遊んだ。《おすわりやす》は、イスとりゲームのような遊びをしながらうたうわらべうたである。歌詞は、「おすわりやーす　イスどっせ。あんまりのったら　こけまっせ。どこでもいいから　すわりましょ。すーわった」というものである。

関西に住む子どもたちにとって、関西弁の話し言葉の抑揚にそってつくられているわらべうた《おすわりやす》は、子どもたちが親しみをもって、すぐに覚えてうたうことができた。

次に、《おすわりやす》の後半部分を替え歌にしてうたい、遊んだ。

そして、歌詞の一部分を替え歌にするだけでは飽き足らない様子の子どもたちは、そのすべてを替え歌にしてグループごとに発表し合い、聴き合った。なお、替え歌のテーマは「生活」とした。

**【子どもがつくった「生活替え歌」】**

おばちゃんたーち　チョーこわい
タマゴをかーけて　命がけ
かげ（陰）でーわたしは　三パック
ショーウリ！（勝利！）

**②　わらべうたの三音階の意識**

リコーダーで音を探って吹きながら、《おすわりやす》の構成音を調べた。《おすわりやす》は以下のような音で構成されている。「（おすわりやーす）ソソソソラーソ（イスどっせー）ラララッミー。（あんまりのったら）ラララララッソソ（こけまっせー）ラララッミー。（どこでもいいから）ソソラソソラソ（すわりましょー）ララララー。（すーわった）ラーソーラ」。

ここから「ミ・ソ・ラ」による三音の音階を導き出し、この音階のもつ感じやイメージを子どもたちに問うた。わらべうたの三音階（ミ・ソ・ラ）に対して子どもたちから出たイメージの言葉は以下の通りである。

・昔の感じ
・田んぼのイメージ
・夕日がバックのおばあちゃんのイメージ
・日本のうたみたい

・京都の時代劇に出てきそう
・庶民的な感じ

### (2) うたづくりの実際

#### ① 《生活のうた》をつくり、うたい、表現する

《おすわりやす》の三音階を使って、新たにうたをつくる活動を行った。自己の生活をテーマとした《生活のうた》である。歌詞に用いる言葉として、話し言葉で書くようにした。これは、話し言葉の方が、よりリアルにうたの感情移入がしやすくなると考えたからである。また、つくった歌詞を何度も声に出して音読した。音読をすることにより、言葉のもつ抑揚が自然な形でうたに反映されると考えた。次に、箏で「ミ・ソ・ラ」の三音階を用いて、うたいながらふしをつけていく作業を行った。その後、ワークシートにつくったうたの紹介文を綴り、少人数の班の中で各自がつくったうたを紹介し合い、うたい合うなどして意見交流を行った。そして交流の中で交わされた意見を参考にしながら、さらに自分の《生活のうた》をうたい込んでは修正をしていく活動を行った。

#### ② 子どもがつくった《生活のうた》

ここでは抽出児童A児のつくったうたを紹介する。

抽出児童A児は、中学受験のために週に四日塾に通うという生活を送っている児童である。

以下は、A児の書いた《生活のうた》の歌詞である。

「学校が終わってもすぐには家に帰りたくない。なぜかというと、家に帰れば塾に行か

**A児のうた**

| 題：『もういやだ』 |
| --- |
| 「あ〜あ〜あ〜〜〜／帰りたない／勉強ば〜〜っか／つまらない／カリカリ鉛筆／動かす疲れた／もういやだ」 |

ないといけないから」といったA児の生活の実情と、それに対するA児の思いが《生活のうた》の歌詞にストレートに表現されている。

では、A児はこの歌詞に、どのようなふしをつけたのであろうか。

九一頁にA児のつくったうたを「旋律の知覚を助ける〝ふしづくりのための記譜法〟」(2)を用いて表す。これは、日本の音楽の「音階」を指導内容としたふしづくりに用いるためにつくられた記譜法である。縦軸に構成音、横軸に歌詞を記入し、交わるところを黒丸で練りつぶして記入する。五線譜という西洋音楽の記譜システムで表すのではなく、子どもたちの内にあるものをよりシンプルな形で、内と外とがつじつまの合う形で表すことをねらいとした記譜法である。

実際の授業においても、子どもたちはこの記譜法を用いて自身でつくった《生活のうた》を表した。

○考察

**(1) うたづくりの基盤**

今回用いた教材はわらべうたである。わらべうたは、日本語の話し言葉の延長線上にある音で構成されている。子どもは、普段の話し言葉を使って歌詞を綴っていった。そして、言葉を話すようにしてうたをつくっていった。うたをつくっていく過程で、たとえばA児は「自分の気持ちが外に押し出されていくような感じがする」と発言していた。

このように、日本語の話し言葉の延長線上にある音構造をもつ、わらべうたを基盤にしたうたづくりは、A児のように生活感情を引き出すのに有効に働いたと考えられる。

**(2) 文化とのかかわり**

A児は《生活のうた》づくりの過程で、さまざまな表現の工夫を探究していた。その中で、「間」や「拍の伸

《生活のうた》の譜例（A児の作品）

題：《もういやだ》

| | | | | | | | | | | | | | |
|---|---|---|---|---|---|---|---|---|---|---|---|---|---|
| ラ | | | | | ● | — | — | — | | ● | ● | ● | |
| ソ | ● | — | | | | | | | ● | | | | |
| ミ | | | ● | — | | | | | | | | | ● |
| 歌詞 | あ | ～ | あ | ～ | あ | ～ | ～ | ～ | か | え | り | た | ない |

| | | | | | | | | | | | | | |
|---|---|---|---|---|---|---|---|---|---|---|---|---|---|
| ラ | | | ● | — | | — | — | ● | | ● | ● | ● | |
| ソ | | ● | | | ● | | | | ● | | | | |
| ミ | ● | | | | | | | | | | | | ● |
| 歌詞 | べ | ん | きょ | う | ば | ～ | ～ | っか | つ | ま | ら | な | い |

| | | | | | | | | |
|---|---|---|---|---|---|---|---|---|
| ラ | ● | | ● | | | | ● | |
| ソ | | ● | | | | ● | | ● |
| ミ | | | | ● | ● | | | |
| 歌詞 | カ | リ | カ | リ | え | ん | ぴ | つ |

| | | | | | | | | | | | | | |
|---|---|---|---|---|---|---|---|---|---|---|---|---|---|
| ラ | | ● | ● | ● | | | | ● | ● | | | | ● |
| ソ | ● | | | | ● | | | | | ● | | ● | |
| ミ | | | | | | ● | ● | | | | ● | | |
| 歌詞 | う | ご | か | す | つ | か | れ | た | も | う | い | や | だ |

縮」といった伝統音楽に見られる音楽的な要素や手法を見いだしていった。A児が自らの探究の中から見いだした、これら伝統音楽につながる要素や手法は、新たなる文化生成の萌芽といえるのではないだろうか。

# 事例10　《わらべうたをもとにした生活のうた》小学校特別支援学級3年生

井上　薫

わらべうたをもとにした生活のうたとは、子どもがわらべうたで遊び、そのわらべうたをもとに、自らの生活経験に根差したうたをつくる活動である。

わらべうたは、子どもの遊びの中で伝承されてきた日本伝統音楽である。小泉文夫は、わらべうたの音階やリズムは日本語の抑揚やリズムに基づいており、日本語の歌詞をふしにする場合、わらべうたの音階を使うことがごく自然だといえ、しかもだれもができることだといっている(1)。

わらべうたは言葉と音楽と動きが一体となった遊びであるところに本質がある(2)ことから、本単元ではまずわらべうたで遊ばせるようにした。教材として扱うわらべうたは、《ひとやまこえて》《だるまさんがころんだ》等である。《ひとやまこえて》は、たぬきと子どもが問答をしながら鬼ごっこをする遊びである。歌詞は、「おかずはなあに」「うめぼし　こうこ」など日常会話のようなものである。《だるまさんがころんだ》は、鬼が「だるまさんがころんだ」といって振り向く前に、子どもがすばやく鬼に近づき、鬼にタッチするという遊びである。《だるまさんがころんだ》のうたは二音の音階でできており、その中の一音を変化させるだけでうたったり、箏で奏したりすることができるものである。

次に、わらべうたの音階をもとに、箏を用いて子どもの内面が表現できるうたづくりをさせるようにした。

小泉は、わらべうたから出発する音楽教育において有効な楽器として箏を挙げている(3)。箏は、必要な弦を選び、それに柱を立て音階をつくることができ、順番に弦を弾くだけでふしがつくれるという、子どもにも扱いやすい楽器である。日本の伝統的な音程感覚を養うことができ、子どもに日本の伝統音楽の良さを理解させた上で、自分の表現ができるようになるといっている[4]。そして、このうたづくりは小島の「表現の原理」[5]をふまえるようにした。「表現の原理」に基づくうたづくりとは、子どもが、生活経験から得たイメージや感情をもとに歌詞をつくり、歌詞の言葉の抑揚やリズムにそって音楽の構成要素を使い「表現」としてのうたをつくる活動である。

本単元では、わらべうたの基本の長二度の音階を使い、音の高低を意識させながら「表現の原理」を授業の根底に据えてのうたづくりになるように授業展開を考えた。

### ○授業の概要

指導内容：二音の音階（音の高低）

指導計画：全二十三回[6]

［経　験］わらべうたで遊び、わらべうたを箏で演奏する。

［分　析］一音と二音で演奏するわらべうたを聴き、音の高低の違いを知覚・感受する。

［再経験］音の高低を意識して、《だるまさんがころんだ》をもとに替え歌や生活のうたをつくる。

［評　価］音の高低についてのアセスメントシートに答える。

### ○子どもたちの様子

#### (1) 言葉をうたう

##### ① うたわれる状況やうたの背景

まず《ひと山こえて》や《だるまさんがころんだ》などのわらべうたで遊んだ。《ひと山こえて》のわらべうたでは、それが「問答」でできていることを知り、「おかずはなあに」「うめぼし　こうこ」の問答の部分を、自分の生活経験から「肉」や「おにぎり」に変化させ、替え歌づくりをして遊んだ。

《だるまさんがころんだ》は、鬼が「だるまさんがころんだ」といっている間に、自分が鬼に近づいてタッチするという遊びを、学級全員で楽しむことができた。

そこで教室に畳を敷き一面の箏を置いていると、Y児は、友だちが箏の弦をひっぱったり触ったりしているのを見て、自分も箏に興味をもつようになった。柱を立て、弦を指で弾いたり、爪を使って弾いたりして、どんな音がするのか試すようになった。

### ② 音の高低の意識

次に、《だるまさんがころんだ》を、箏を二音を使って普通に弾いた時（音の高低がある時）と一音のみで弾いた時（音の高低がない時）を比較聴取させた。教師が箏を弾きながら二つのうたい方をし、「どちらがだるまさんがころんだ感じがするか」と質問すると、子どもたちは「一番」と答えることができた。教師が音の高低がない場合を弾いてY児に「ころんだ感じがするか」と聞くと、Y児は首を横に振って「あんまりしていない」と答えた。そして、子どもたちは、音の高低がある場合は、「普通のお姉さんみたい」、音の高低がない場合は「なにかへん」「お経みたい」と、音の高低の有無の違いを感受し、自分の言葉で発言することができた。Y児は、教師がわらべうたの音階の二音の柱を立てると、《だるまさんがころんだ》のわらべうたをうたいながら弾くようになった。箏を弾くこととわらべうたをうたうことが一体となって行われることで、Y児も《だるまさんがころんだ》が弾けるようになった。さらに自分の名前と教師の名前をいいながら箏を弾いて比較聴取した場合は、教師の名前を「どっちで弾いていた」と聞くとY児は、「こっちを弾いていました」と一つの弦をさしていい、「Y君は？」と聞くと「ドレレ　レドレ」と自分の名前をうたいながら二つの弦で弾いた。つまり、自分の名前は長二度の二つの弦で弾いて、教師の名前は抑揚があまりないので一つの弦で弾くということを知り、そこで言葉の抑揚と音高が関係あるということを、弦を見て視覚を通しても理解した。

## (2) うたの表現へ

### ① イメージの表現の工夫

Y児は、音の高低を意識して《だるまさんがころんだ》が弾けるようになると、以前わらべうたの替えうたで遊んだのを思い出したのか、「○○がこーろんだ」と友だちや自分の兄弟の名前を入れたりして替えうたづくりをするようになった。そして、教師が「何かころばせようか」と聞くと、教室に置いてあるさいころを見つけて「さいころがこーろんだ」そして、自分の生活経験を想起して「おべんとばこがこーろんだ」「たーまごやーきがこーろんだ」などの替えうたを、箏を弾きながらつくるようになった。たこづくりのことを思い出して「たこたこあがれ　天まで届け　天まであがれ」と、言葉の抑揚に合わせて《だるまさんがころんだ》の二音の音階を使い、箏を爪弾きながらつくるようになった。また、トランポリンで跳びながら、《だるまさんがころんだ》のふしでトイレの花子さんの替えうたをつくった。友だちが怖い声や高い声を出して問答でうたうと、Y児も「今からトイレにいくよ」とうたって返したり、その時の気分にまかせてうたうようになった。このあたりで、次々と言葉が出てきて、同時にそれがふしをつけてうたわれるようになっていった。

### ② つくられたうたの内容と構成

わらべうたをもとにした箏を使ったうたづくりの活動は、《だるまさんがころんだ》の二音の音階を使い、自分の生活経験を想起して自己の内面を表現する活動になった。そこには、日頃の子どもの生活そのものが表れている。自分の興味ある空の歌には、「お空の森は、ちょっとちょっとでした。ほれ　だーるまさんがこーろんだ」と、「ほれ」と合いの手を入れたり、終止を工夫して整えたりする姿が見られた。さらに、休日に家族と一緒にゲームを買いに行ったことや兄とそのゲームで遊んだことを「うれしかった」「楽しかった」という生活感情も入れて、うたづくりをするようになった。

### ○考察

## (1) うたづくりの基盤

まず、Y児がわらべうたを箏で弾けるようになったのは、表現媒体が箏であったからだと考えられる。箏は柱を自由自在に変えて、いろいろな音階をつくることができる楽器である。今回は柱を二つだけ立て、わらべうたの二音の音階をつくった。そして、Y児はふしは音の高い低いでできていることを知覚・感受を通して理解した。

指導内容の「音の高低」のあるなしを比較聴取し、自分の名前を長二度の二つの弦で弾いたり教師の名前を一つの弦で弾いたりすることで、言葉の抑揚と音高が関係していることを理解できたと考えられる。

次に、既成のわらべうたが弾けると、その二音を使って替えうたづくりをするようになったが、それは、既成のわらべうたを箏で奏したことでわらべうたの基本の長二度の語法が身についたからと推察できる。また、替えうたは、うたをつくる時にはじめて経験するのではなく《ひと山越えて》のわらべうた遊びの時にすでに経験しているので、うたづくりでも自分の生活経験から「お弁当」等を替えうたにして表現することができたといえる。

そして、わらべうたの語法が自由に使えるようになると、学校の畑できゅうりの収穫をした時「とれたてうれしかった（レドレドレレレ）きゅうりが（レレレレレ）とれた（レドレ）……」など歌詞も感情

**《わらべうたをもとにした生活のうた》の譜例**

ふたりで やー れる と き は おにいちゃんと いっ しょに や れ る
ウィー を たて て わ ら う みん なと たの しい いち にち よ（ほれ）
だー るま さん が こー ろん だ

※ウィー：ゲーム機「Wii」（任天堂）のこと。

の入ったものになり、自分の生活感情を表現できるようになった。これは、言葉をいいながら箏でふしを奏することで、そのふしから自分の生活経験が想起されるという相互作用によると考えることができる。

### (2) 文化とのかかわり

本単元では、Y児は、わらべうたの基本の長二度の語法を使って自分の生活経験に基づき、《だるまさんがころんだ》で遊んだ時のことをうたにした。そこには「だるまが　おにで（レドレド　レレレ）みんなが（レド）はーしりだすよ（レドレレレ）ほれ　だーるまさんがこーろんだ」のように、「ほれ」という合いの手や「レドレ」という終止の仕方など、日本伝統音楽の手法を使って音楽をつくる姿が見られた。これらの手法は、日本語を母語とし、日本の風土で生活している子どもは、日常のあらゆる場面で無意識ではあるが自然と身につけているものである。今回のわらべうたで遊ぶという経験の中で、これらの手法が意識化され、うたをつくる時の手法として使われた。わらべうたの音構造が子どもの言葉を引き出し、子どもの生活経験をもとに、自己の内的なイメージや感情を伴ってうたとして表現されたということである。わらべうたのふしに自己の生活感情を反映させてつくったうたには、今を生きる子どもの姿が音楽表現として生き生きと映し出された。

## 事例11《ラップ》中学校1年生

木下紗也子

ラップとは、「特有の話し方でリズムにのせて韻を踏んだお喋りをする音楽スタイル」(1)であるとされている。ラップは〝ヒップ・ホップ　hip hop〟と呼ばれる文化の一つであり、アメリカの都市に住む若い黒人の間で発展してきた音楽であるとされる(2)。アメリカで始まったこのヒップ・ホップ文化を受け、日本では一九八〇年代に日本語のラップが発表される(3)。以降、さまざまなアーティストが日本語ラップを演奏し、特に若者に広く親しまれる音楽として定着しているように思われる。現在ではテレビのCMでも多く用いられており、日常的にラップを耳にしている中学生も多い。

本単元では、喋り言葉から発展し、若者の間で広まった文化であるラップを用いて、中学生が音程などを気にせず自由にうたうことができるうたづくりをさせたいと考えた。

ラップの特徴は韻を踏むなどの言葉遊びや、決まった旋律がなくリズムにのせて喋るように歌詞を唱える点にあるといえる。決まった旋律がないことにより、うたうことに苦手意識をもつことの多い中学生でも抵抗なく声を出すことができると考えられる。加えて中学生に人気の多くのアーティストもラップを歌っていることから、ラップに憧れをもっている生徒も多い。この憧れが自分もラップをつくってみたいという思いにつながると考える。今回はどの生徒でも自由に歌詞を考えられるようにするため、韻を踏むことは特に重視せず、つくった歌詞を拍にのせて唱えること、言葉を拍にのせることによる表現効果を感じさせることを学習のねらいとした。

なお、本来ラップはリズム・ボックスやレコード操作による音に言葉をのせて演奏されることから、本単元では八ビートのリズムに考えた歌詞をのせてラップづくりを行う。ただし明確に拍を意識できるように、まずは手拍子に合わせて言葉を唱える場面や、考えた歌詞の中に拍を表す線を書き入れる場面を設定した。

## ○授業の概要

指導内容：拍

教　　材：《くいしんぼうのラップ》（和田崇 作・構成）

《あかさたなはまやらわをん》（KREVA 作詞・作曲・歌）

指導計画：全四時間

［経　験］《くいしんぼうのラップ》の一部をうたい、拍に言葉をのせてうたうことを経験する。

オリジナルの歌詞を考え、拍にのせてうたう。班で一つのラップをつくる。
[分　析]　拍への言葉ののせ方を変えた二種類のラップを比較聴取する。
[再経験]　班でつくったラップについて、拍への言葉ののせ方などを工夫する。
[評　価]　班ごとに発表し、お互いのラップを聴き合う。拍についてのアセスメントシートに答える。

## ○子どもたちの様子

### (1)　言葉をうたう

#### ①　うたわれる状況やうたの背景

はじめにラップについて知っていることを問いかけたところ、「ヨゥ！　ヨゥ！」とＤＪプレイの動作の真似をする姿や、「ダジャレ言うんやろ」と韻を踏むことに関する発言が見られた。しかし、ラップを意識して聴いている生徒はほとんどいなかった。次に、《くいしんぼうのラップ》の一部を簡単にアレンジした歌詞を見て、全員で歌詞を朗読した。手拍子をしながら歌詞を唱えた後、朗読との違いを考えさせたところ、生徒たちは手拍子、つまり拍に言葉をのせることでノリがよくなり、楽しい雰囲気やラップらしさが生まれることに気づいていた。

そして、《くいしんぼうのラップ》にならって《大阪のラップ》をつくってみようと提案した。《大阪のラップ》で使えそうな言葉を考えさせたところ、大阪の地名・駅名・観光名所・名物・食べ物等が次々に挙げられた。その場所に行ったことがあるか、タコヤキはどこのお店のものが美味しいかなどを問うと、嬉々として自分の経験を語りたがった。生徒から出された言葉を組み合わせ、教師が即興的に《大阪のラップ》をつくって示すと、どの生徒も関心をもち、集中して聴いている様子が見られた。

この後、〝大阪ええとこ言うたらな〟に続けて個人で《大阪のラップ》の歌詞を考え、手拍子にのせて唱える活動、互いの作品を班の中でうたい合う活動を行った。班の中で雑談しながら活動するようにしたため、自分の生活経験を友だちと振り返りながら自然と大阪弁で歌詞を考える姿が見られた。先に挙げられた大阪に関する言葉を組み合わせて歌詞を考えた生徒も多かったが、大阪のおばちゃんや、大阪の各地に行った時の感想、自己紹介、自分の生活について書いている生徒もいた。考えた歌詞を手拍子にのせてうたうことはどの生徒もできていた。

さらに、おおまかに拍をとらえさせるために、手拍子に合わせてうたったことを振り返って歌詞の中に拍を表す線を書き入れる活動を行った。この時点では言葉のまとまりに意識が向き、拍の線を正しく書き入れられない生徒もいたが、何度もうたいながら振り返り、確かめる姿が見られた。指導者が手拍子を打ちながら一緒にうたうと、「あ、こっちや」と改めて気づいていた。この活動は、拍を知覚・感受する準備段階となった。

### ② 拍の意識

個人でオリジナルのラップの歌詞ができ、拍にのせて唱えることができるようになった段階で、拍への言葉ののせ方でラップの雰囲気が変わることを意識させた。《あかさたなはまやらわをん》の冒頭部分について、言葉の先頭が拍に合うように変えたラップ（A）と、原曲通り(4)のラップ（B）を教師がうたったものを比較して聴かせた後、拍を意識できるように手拍子に合わせて生徒にも何度かうたわせた。はじめて聴かせた段階でAとBの雰囲気の違いはすぐに感じ取れたようで、原曲通りの方を即座に真似して唱える生徒もいた。AとBから受けた感じを書かせ、全体で交流したところ、Aの方は「普通」「棒読み」「子どもっぽい」「暗い」、Bの方は「ノリがいい」「はずむ感じ」「カッコいい」「流れるようだった」などの意見が出た。次に、このように雰囲気が変わる理由を考えさせた。「伸ばしているところがある」や「拍に合う言葉がずれている」などの意見が出されたので、黒板のAとBの歌詞に拍の線を書き入れて示した。そしてAとBを視覚的にも比較しながら、拍に合う言葉がずれているところや、言葉が伸びているところを再度確認していった。最後に《あかさたなはまやらわをん》の冒頭部分のCDを聞かせた。生徒は想像していた音楽と異なることに驚きつつ、音楽にのって楽しみながら聴く様子が見られた。これらの学習を踏まえて、今までつくっていたのは言葉の先頭が拍に合うAパターンのラップであり、もっとかっこいいラップにする工夫のポイントとして〝拍に合わせる言葉をずらす〟ことを押さえた。

## (2) うたの表現へ

### ① イメージの表現の工夫

個人でつくったラップをもとに、今度は班で一つのラップをつくることを提案した。言葉を拍にのせることを最低条件とし、可能であれば言葉をずらすなどの工夫を考えるように指示した。まず班の中で、お互いにつくったラップを交流していたが、ここでも他の人に自分の歌詞について説明する際、自分の経験を語る姿が見られた。

《あかさたなはまやらわをん》のCDでラップを聴いたことにより「もっとラップらしく、かっこよくしたい」という思いをもったようで、単純に歌詞中に〝イェー〟などの言葉を入れたり、《あかさたなはまやらわをん》のように擬音語を取り入れたりする班が多かった。本人たちは意識していなかったが、〝アイー〟という母音で韻を踏んだ〝バレンタイーン、もらえないー〟（・が韻を踏んでいるところ）という歌詞を考えた班もあった。この班は〝アイー〟という韻の響きを気に入って何度も唱えるうちに、次々と言葉を思いつき、即興的にラップをつくり上げていった。なお、学

《ラップ》の譜例

おお　さかええとこゆう　たらなひろくて　きれいなおおさかじょうやたこやき
おいしいところや　でおわらいとか　もおもしろーい　おおさかぜったい　きてなイェー

んだことを生かして、拍に合わせる言葉をずらす工夫を取り入れている班もあった。〝イルミネーション〟など長い言葉は、〝イルミー・ネーション〟なのか〝〇イル・ミーネー・ション〟（・が手拍子を打つところ）、どこで拍に合わせるのかを必然的に意識しなければならず、前後の言葉のつながりも考えながら試行錯誤していた。

ラップの形が完成し、何度も練習をするうちに、今度はイントネーションやうたう人数を工夫する班が出てきた。前半は大阪のいいところ、後半は地下鉄の運賃が高いという不満を表す内容の歌詞を考えたので、前半は女子、後半は男子とうたい分ける班や、歌詞の内容に合わせてだれが担当するか役割分担をする班、メリハリを意識して擬音語は全員で、あとは数人でうたう班などが見られた。これらの工夫が見られる班を中間発表させ、工夫をクラス全員で共有させた。中間発表を受け、他の班の工夫を自分たちの作品に取り入れようとする班も見られた。

### ② つくられたうたの内容と構成

ラップづくりは、言葉を喋ることが自然と音楽になっていく活動であった。特に大阪をテーマに大阪弁で歌詞を考えたことにより、自然と友だちとの雑談の中で自分の生活経験を多く語ることにつながった。たとえば新世界の串カツは本当に二度漬け禁止だったこと、玉出スーパーで五〇〇円以上買うと割り引きしてもらえること、心斎橋の人の多さに驚いたこと、関空では飛行機の音がうるさかったことなどである。これがそのままラップの歌詞となり、拍にのせてうたわれた。

## ○考察

### ⑴ うたづくりの基盤

うたの構成は、〝大阪ええとこゆうたらな〟に続けて、〝広くてきれいな大阪城〟や〝たこやきアッツアツ〟のように自分が経験した大阪のいいところが語られる。他に自分たちの一日の生活をストーリーにしたものもある。

拍に言葉をのせることで生まれるラップの軽快さは、生徒にとって喋り言葉との違いにおもしろみを感じさせるものであり、思いついた言葉を即興的に拍にのせて口ずさんでみたくなる欲求を生むと考えられる。今回は大阪をテーマに自分たちの経験を語り合い、その中から言葉を選び拍にのせてうたうという表現になった。つまり、喋り言葉がそのまま歌になるというラップの特徴が生徒が大阪に対して抱いている愛着や誇り、また日々生活する中で感じる不満などの生活感情を引き出したと考えられる。

### (2) 文化とのかかわり

ラップづくりの授業中、または授業を終えたあと、教師に対してラップで話しかけてくる生徒がいた。内容はたいてい不満に思っていることや冗談であったが、喋り言葉が即興的に歌へと変わっていく過程にラップの起源を見ることができた。ラップはもともとアメリカの若い黒人の中で生まれた音楽であるが、拍にのって言葉を唱えて自己主張するという表現方法は日本の中学生にも受け入れられやすいと感じられた。

さらに、ラップづくりの過程では大阪弁特有のイントネーションが生きるように、拍への言葉ののせ方やうたい方を工夫する姿があった。異文化の音楽であっても、生活に根差した日本の言葉を出発点としてうたをつくっていくことにより、生徒自身がつくり出す新たな文化生成へつながっていくものになると考えられる。

## 事例12 《○○音頭》中学校3年生

楠井晴子

日本各地で行われている盆踊りなどの祭において、笛や太鼓の音に合わせて独唱者が独唱し、それに掛け合うようにいく人かの人々で「エンヤコラせぇ～」などの合いの手を唱和するような形式の曲を、しばしば耳にする。このような楽曲の形式を「音頭一同形式」という。

「音頭一同形式」については次のように説明されている。「民謡の歌唱において、歌の主要部分をうたう独唱者のことを音頭（音頭取り）という。音頭の歌唱に続いて他の人々が同じ旋律を、あるいは『お囃子言葉』を唱和する歌の掛け合いを音頭一同形式という。またこれから転じてこうした歌唱形式そのもの、またはこの形式でうたわれる曲をさして『〇〇音頭』と呼ぶことも多い。」(1)「音頭一同形式」でつくられた楽曲は、その土地の伝承などを盛り込んだものが日本各地でつくられ、「花笠音頭」「河内音頭」「江州音頭」などといった名前の《音頭》となって今日まで広く伝えられている。

以上から、日本の民謡のうち代表的な「音頭一同形式」の民謡を教材にし、自分たちの土地や生活のことを盛り込んで全く新しい自分たちの音頭をつくり、皆で声を合わせてうたうといった単元構成を考えた。そしてまた、自分たちでつくった《〇〇音頭》に合う踊りを考え、うたいながら身体で表現する活動も組み入れた。

このような学習過程をたどる中で、「音頭一同形式」に対する知覚・感受を土台に新たな《音頭》を創造し、表現していく授業を目指した。

## ○授業の概要

指導内容：音頭一同形式
指導計画：全七時間

［経　験］「花笠音頭」「河内音頭」「江州音頭」を聴き、音楽からイメージすることを出し合う。
「河内音頭」を「音頭一同形式」でうたい、踊る。

［分　析］「音頭一同形式」でうたう「河内音頭」と、すべてを「音頭」役がうたう「河内音頭」とを比較聴取し、「音頭一同形式」を知覚・感受する。

［再経験］「音頭一同形式」を意識して、班で自分たちの《音頭》をつくりうたう。

自分たちでつくった《音頭》に合う踊りをつけて表現する。

［評　価］　班でつくった《音頭》を聴き合い、批評し合う。

「音頭一同形式」についてのアセスメントシートに答える。

○生徒たちの様子

(1)　言葉をうたう

①　うたわれる状況やうたの背景

最初に、これから流す曲の題名等、何も情報を与えずに、三つの《音頭》、「花笠音頭」「河内音頭」「江州音頭」を聴かせ、音楽からイメージすることを発表し合った。初発のイメージとして出てきた意見は、「夏祭り」「盆踊り」「にぎやかな感じ」「人がいっぱいいる感じ」「うただけでなく踊っていそうなイメージ」というものであった。次に、三つの曲のタイトルと、これらはすべて《音頭》と呼ばれているということを伝えた後、三つの曲の中から大阪の民謡である「河内音頭」を取り上げた。そして、「音頭一同形式」の中の、生徒には「一同」の部分を担当させ、「音頭」役の教師と掛け合いながらうたうことで、「音頭一同形式」が醸し出す雰囲気を、実際に経験することで味わう場をもった。そしてさらに「河内音頭」の映像に合わせてうたい、踊った。

②　「音頭一同形式」の意識

次に、「音頭一同形式」でうたう「河内音頭」と、「一同」の部分もすべて「音頭」役がうたう「河内音頭」とを比較聴取し、二つのタイプの「河内音頭」の違いを発表し合った。生徒から出てきた意見は次頁の通りである。

(2)　うたの表現へ

①　イメージの表現の工夫

一グループ八人組の班に分かれて、まずは班で《音頭》の歌詞とタイトルを考えた。歌詞は、七五調四行を一番とし、最低、二番まではつくることとした。その後、民謡音階に調弦した箏を一グループに一面ずつ渡し、《音頭》のふしをつくった。ここでは、黙ったまま箏をつま弾いてふしをつくるのではなく、つくった歌詞をうたいながら《音頭》のふしをつくっていくように指示をした。「音頭」の部分のふしができた後、今度は、「一同」でうたう囃子詞の部分を考えた。この部分に関しては、言葉とふしを同時進行でつくっていくこととした。「一同」でうたう囃子詞をつくっている際に、思わず身体が動き出し、教師側が何の指示をせずとも、自主的に踊りにまで創作を発展させている班もあった。この後、でき上がった《音頭》を「音頭一同形式」の特徴や特質を意識してうたい、つくった《音頭》に合う踊りをつけて表現するよう、全体に指示をした。

### ② つくられたうたの内容と構成

以下は、生徒たちのつくった《音頭》の一例である。《高いもん音頭》は、大阪弁で書かれ、うたわれた音頭である。歌詞の中には、大阪のシンボルである「通天閣」の名前も見られる。また、ものの値段に敏感な大阪人の見識眼や、気取りや気位の高いことを良しとせず、正味の姿にこそ真の価値を置く大阪人気質がストレートに表現されている。

《高いもん音頭》は、大阪で生活している子どもならではの《音頭》である。そこからは、その土地で暮らしている人に染みついている生活感覚

**比較聴取での生徒の意見**

| 「音頭」役のみでうたう | | 「音頭一同形式」でうたう | |
|---|---|---|---|
| すべてを一人でうたっている。 | ●さびしい感じ。孤独な感じ。<br>●地味で質素な感じ。<br>●あまりノレない感じ。<br>●一人で遊ぶ「砂場遊び」のイメージ。<br>●狭い道に車が一台だけのイメージ。 | 一人のところと複数でうたっているところがある。 | ●にぎやかで，明るい感じ。<br>●派手で豪華な感じ。<br>●ノレル感じ。<br>●みんなで遊ぶ「砂場遊び」のイメージ。<br>●大きな通りにたくさんの車があるイメージ。 |

が溢れている。

《こび売り音頭》では、生徒たちの普段の生活の姿の一コマがうたわれている。生徒たちは思春期真っただ中にいる中学3年生である。異性にも興味があるお年頃である。電車通学している車中に「べっぴんさん」がいれば、その「べっぴんさん」に目が釘づけになり、座席を譲るという行為でもって、好意のこび売りをしてしまうこともあるであろう。また、受験生でもある彼等は、教師にこびを売ることで成績評価アップのためのアプローチをすることもあるであろう。昼時の人で立て込むパン売り場では、列を抜かさせてお目当てのパンを後輩にもってこさせている生徒もいるのかもしれない。

このように《こび売り音頭》からは、生徒たちのうそ偽りのないリアルな日常生活の様子が《音頭》の中に生き生きと表

**《高いもん音頭》**：（「高いもん」とは大阪弁で「高いもの」の意味。）
（囃子詞）：ソ～レ，たっか（高）いヤン，たっかいヤン，たっかすぎヤン
（うた）：

一番

| | | | |
|---|---|---|---|
| 世のなか | にはねー | たかいも | んー |
| 七六五六 | 五四三一 | 四五六七 | 六一 |
| かぞえき | れんほど | ありまっ | せぇー |
| 七七六七 | 八　七八 | 七六五四 | 五一 |
| キャビアに | フグにー | こくさん（国産） | ぎゅう（牛） |
| 五　四五六 | 七六七一 | 六五六五 | 四一 |
| 食べもの | だけやー | あらへん | でー |
| 三四五六 | 七八八一 | 七六五四 | 五一 |

二番
あれも高けりゃ　これも高い
カバンはヴィトンに　エルメスや
加えて時計は　ロレックス
バッタもんには　気ぃつけや
※バッタもん：にせもの

三番
値打ちだけでは　ありまへん
通天閣（つうてんかく）に　エベレスト
背ぇ高いもん　あるけれど
プライド高けりゃ　あきまへん

※箏を民謡音階に調弦し，箏の柱を以下の音に対応させて並べた。

| 三 | 四 | 五 | 六 | 七 | 八 |
|---|---|---|---|---|---|
| ド | レ | ファ | ソ | ラ | ド |

## 《こび売り音頭》

（囃子詞）：こび売っちゃ，ダメだっちゃ，ホイ，ホイ，ホイ，ホイ
（うた）：

一番

| | | | |
|---|---|---|---|
| こびが | 売りたい | 乗車ちゅ | うー（中） |
| 七六五 | 六五四三 | 三三四 | 五一 |
| オッと | よく見りゃ | べっぴん | だー |
| 三　四 | 五五四五 | 六　六七 | 六一 |
| すかさず | せきをー | 「ゆ　ず　り　や　す」 | |
| 七七七八 | 七七六五 | （台詞のようにしゃべる。） | |
| あなたの | ハート | うばいや | すー |
| 六六六七 | 六五四 | 三四五七 | 六一 |

二番

こびが売りたい　授業中
周りの人たち　騒ぎ出す
すかさず声を　張りやした
「チョー，みんな黙ろう。」　張りやした

三番

こびが売りたい　先輩へ
人が列なす　パン売り場
すかさず列を　抜かしやす
お目当てパンを　渡しやす

現されている。

### ○考察

#### (1) うたづくりの基盤

かつての日本人にとっての民謡は、人々の暮らしの中にあった。

その土地のことをうたい、その土地の仕事や産業についてうたい、日々の暮らしのことをうたい、そして暮らしの中で生じるさまざまな思いをうたにしてきた。そして仕事をする時、土地の祭の時などにうたうことで、皆と心を一つにしてきた。

では現代の子どもたちにとっての民謡は、一体どんな意味をもっていたのか。

《高いもん音頭》の中での子どもたちは、自分たちが暮らしている大阪の街をうたい、そこで暮らしている人をうたい、自分たちの正直な本音の思いをうたにした。《こび売り音頭》では、自分たちのリアルな日常生活をうたにして表現した。そして、自分たちでつくった《音頭》を皆でうたい合うことで、一致団結して心を通わせ、心を一つにして表現して

いる姿があった。

### (2) 文化とのかかわり

以上から、今回の実践を通して、現代の子どもたちにとっての民謡が、かつての日本人の生活や暮らしの中から生まれてきたうたと同じ生成過程や効果をもつことがわかった。ここから、既にある伝統の形式を用いて新たな伝統を生み出していくことは、よりダイナミックな形で伝統文化を継承・発展させていくことに繋がると考える。

# 事例13 《まりつきうた》中学校特別支援学級

横山真理

まりつきうたとは、うたに合わせてまり（ボール）をつきながら遊ぶうたである。『邦楽百科辞典』によると、まりを使った遊びは蹴鞠やお手玉遊びなど古くからあるが、まりを地面に弾ませて遊ぶ〈手まり〉のようになったのはずいぶん後であり、着物を着て膝をつき両手でまりをつく時代と異なり、ゴムまりを使うようになってからは、従来の木の実や貝殻を芯に真綿などで包み糸でまいたりするよりよく弾むので、立ってつくようになり、それに伴い《あんたがたどこさ》のように足の技法を入れたうたも登場したと解説されている[1]。また、本単元に用いた《一番はじめは一宮》のように、大人がつくったうたの旋律を引用する形で子どものまりつき遊びの中に取り入れられ、まりつきうたとして伝承されてきたものもある。

本単元では、まりつきうたの教材として《一番はじめは一宮》を用い、オリジナルの歌詞をつけて音楽づくりをさせたいと考えた。また、アセスメント教材として《あんたがたどこさ》を用いた。

まりつきうたの特徴は、まり（ボール）というよく弾む遊び道具を使い身体全体でうたを楽しみ、歌詞や旋律や身体動作自体も遊びの中で創造的に伝承されてきた点にある。本単元では、まりをつく身体動作と一体となっている「はねるリズム」に指導内容を焦点化する。生徒らは、「はねるリズム」を知覚・感受しながら教材曲の旋律に自分で考えた歌詞をつけてうたう。その活動を通して、身体全体で「はねるリズム」を体感し、そのリズムについて感じ取ったことを言葉で表したり、「はねるリズム」に合うように言葉を工夫してまりつきうたをつくったりすることを学習のねらいとした。

## ○授業の概要

指導内容：はねるリズム

指導計画：全四時間

［経　験］《一番はじめは一宮》をうたって遊び、その旋律に歌詞を考えてつけてうたう。

［分　析］「はねるリズム」と「はねないリズム」の比較聴取をする。

［再経験］つくったまりつきうたで、まりをついてうたう。

［評　価］《あんたがたどこさ》を聴いて「はねるリズム」と「はねないリズム」について比較聴取を行い、その旋律に自分で考えた歌詞をつけてうたう。

## ○子どもたちの様子

### (1)　言葉をうたう

#### ①　うたわれる状況やうたの背景

《一番はじめは一宮》は数えうたの形式をもつまりつきうたで、♪一番はじめは一宮、二は日光東照宮〜、という具合に続き、十番に続いて後うたがつく構成になっている。ボールをつきうたってみた後で、すぐに一人ひとりがオリジナルの歌詞を考えてつくる活動に入った。四人の生徒はまず教室内の机上で、それぞれが思いついた言葉を口ずさみながらワークシートに書いていった。生徒らが考えた歌詞の一部を以下の表に紹介する。

生徒らが思いついた歌詞には、アニメのキャラクターや動植物や料理のように日常の生活経験を背景とした個々人の興味が映し出されている。また、原曲に倣ってかぞえうたの語呂合わせにより歌詞を工夫している生徒もいた。さらに、四人の生徒はそれぞれが歌詞を考えているのだが、声に出して口ずさみながらつくっていたことから、互いに聴こえてくる言葉を自分の歌詞に取り込むような状況も生まれた。

このように最初は机上で歌詞を考えて書いていたが、途中から体育館に移動して実際にボールをついてうたいながら続きの歌詞を考えていった。ボールはよく弾むので扱いに慣れるのが大変である。手でボールをつき一定のリズムで垂直方向に弾ませ続けることは、生徒によっては容易なことではなかった。しかし、生徒らは自分が考えた歌詞を大きな声で口ずさみながら、ボールが大きく逸れてもあきらめずに拾い、つきながらうたうことに挑戦していた。ボールを弾ませることへの関心が強くなると、うたうよりも手の力加減でボールの弾み方が違うことを試すことに夢中になる生徒もいた。この後で感想を尋ねると、「うたをつけてつく

**表1　生徒が考えた歌詞の例**

| | | | |
|---|---|---|---|
| 生徒A | 一番はじめはピカチュウだ。<br>二は火をふくリザードン。<br>…略…<br>八はスピアが走り出す。<br>九はキュウコン踊り出す。<br>…略… | 生徒B | …略…<br>三はサイドン突進だ。<br>四はタツベイ進化だよ。<br>…略…<br>これだけ　ポケモン　集まれば<br>みんな　楽しい　カーニバル<br>…略… |
| 生徒C | …略…<br>八ははちがとんでくる。<br>九はきゅうりがおいしいな。<br>十はジュージュー焼き肉だ。<br>…略…<br>ピーマンヤマガラ集まって楽しい楽しいイベントだ。 | 生徒D | 一番はじめはミズゴロウ。<br>二はピカチュウ走り出す。<br>…略…<br>五はスピアがつきさすぞ。<br>六はポッチャマ体当たり。 |

ると楽しかった」「うたをつくるのは簡単だったけど、やるのは難しかった」などの発言が返ってきた。

### ② はねるリズムの意識

うたづくりを経験した後で、「はねるリズム」を感じ取る学習に入った。授業者は各生徒がつくったまりつきうたを順にうたい、次に、「はねないリズム」で同様にうたって聴かせた。生徒らは授業者の口ずさみに身体で反応しながら、ワークシートに感じ取ったことを書いていった（表2）。

「まりつきうたはどっちのリズムを使っているか」と問うと、「はねるリズム」という答えが返ってきた。「もしもはねないリズムでまりつきするとどうなるか」と問うと、生徒Bは即座に「まりつきは無理。だってはねる方は、とーんとーんって一定のリズムだけど、はねない方は……」と説明しかけて言いよどみ、言葉で表現できないところを手の動作で表した。そこで、実際にボールをつきながらうたうことにした。

## (2) うたの表現

### ① イメージの表現への工夫

授業者は、四人の生徒がつくった歌詞を人数分印刷して生徒らに配った。そして、うたの作者がボールをつき、その生徒を囲んで他の生徒らもうたう、という設定にした。また、十番までの歌詞の後に続くフレーズの部分は、わざとボールをつく手を止めて、「はねないリズム」でうたうようにした。

「どんなふうにうたいたいですか」との授業者の問いに、生徒Aは「楽しくうたいたい」

**表2　分析でのワークシートの記述**

| | はねるリズム | はねないリズム |
|---|---|---|
| 生徒A | 楽しい。 | つまらない。ゆるい。 |
| 生徒B | 踊っている。とても楽しい。 | リラックスする。何か物足りない。 |
| 生徒C | 楽しい感じ。明るい、いい気分。 | 暗い感じ。こっちも好きです。 |
| 生徒D | 雪が降っている。楽しい。 | 風が吹いている。暗い。 |

と応え，最初に「ワン，ツー，スリー，ゴー！」と言って元気よくボールをつき始めた。生徒Bはまりを規則正しくつくことにこだわり，ていねいにボールをついていた。生徒Cは意識的に強く速くボールをつき，♪十はジュージュー焼き肉だ，のところで場所移動しながらボールを大きく弾ませてキャッチしていた。ボールをつくことが苦手な生徒Dも，他の生徒らがうたうリズムに合わせようと意識しながらボールをつく様子がうかがえた。どの生徒もまりをつきながら自然に口ずさんでいた。まりつきうたをした後の交流では，表3のような感想が出た。

### ② つくられたうたの内容と構成

評価の場面では，「はねるリズム」と「はねないリズム」の比較聴取の問いに続けて，《あんたがたどこさ》にオリジナルの歌詞をつけ，まりをついてうたうという課題を出した。たとえば，生徒Bは以下のようなうた（次頁）をつくった。生徒Bの歌詞の背景には，この生徒なりの学習や生活上の興味関心がある。丁度まりつきうたの実践を行っていた時期，生徒Bは理科の調べ学習で，宇宙に強い関心をもち星や太陽のことを熱心に調べていた。生徒Bは山奥で川魚を釣ったりドングリを石ですりつぶして食べてみたりといった，自然を五感で体験することが大好きな生徒である。生徒Bが選んだ言葉には，このように個ならではの日常の生活経験を素材とするイメージが湧き出ていると思われる。

また，生徒Dは「♪（森の中）には（鹿）がおってさ，それを（Dがあみでつかまえて）さ」（括弧内が生徒Dが考えた言葉）といううたをつくっていた。そこには，

表3　まりつきをした後の感想

| | はねるリズム | はねないリズム |
|---|---|---|
| 生徒A | 最初のところで，明るく感じた。 | ゆっくりに感じた。 |
| 生徒B | 「笑ってる」のところが楽しかった。 | 「ラララ」で，森の中をかけぬけている感じがした。 |
| 生徒C | うれしい！　楽しかった。 | 暗いな……。暗いからよくわからん。 |
| 生徒D | 楽しいリズム。強い。明るい。 | 暗い。弱い。明るい。 |

自分自身がうたの主人公となり、アフリカのサバンナの森で猟をして食べるという物語が紡ぎ出されていることがわかる。Dはまりつきうたの主人公となって物語を想像しながら、言葉に合わせて心をリズミカルに躍らせていたのではないだろうか。

### ○考察

#### (1) うたづくりの基盤

《一番はじめは一宮》《あんたがたどこさ》の形式を引用したうたづくりでは、アニメのキャラクター、動植物、料理、自然体験のように、個ならではの日常の生活経験を背景とした興味関心が色濃く現れた。子どもはうたをつくる時に、自分の生活経験を素材としてイメージを湧き立たせ、既存のうたの形式を引用しながら一つの物語に仕立てていくといえる。自分の生活経験はまぎれもなく自分のものであり、創造のリソース（資源）となっている。自分が安心して使える素材、それが生活経験であり、子どもは自分の生活経験を振り返りながら言葉を紡ぎ出していく。自分で考えた歌詞でまりつきうたをする時の生徒らの姿から、自分のうたの世界に身体ごと没入し楽しんでうたっていることが感じられた。生徒らは推進力をもつまりつきうたの「はねるリズム」に身体ごと同調しながら、感情を伴った言葉を紡ぎ出していったのではなかろうか。

#### (2) 文化とのかかわり

伝承されているまりつきうたには、かぞえうた形式のものや物語性の強いもの、足技などを駆使したものが数多くある。このような創造的な伝承の歴史的文化的背景と

**生徒Bのつくった《まりつきうた》**

♪あんたがたどこさ（星）さ（星）どこさ（銀河系）さ
（銀河系）どこさ（地球）さ（地球上）には（動物）がおってさ
それを（人々が弓でうって）さ（切って）さ（焼いて）さ
（食って）さ　それを（貝塚でちょいと埋めて）
※生徒が考えた言葉は（　）内の言葉である。旋律は原曲を引用している。

同様の様相が、授業の場面でも現れた。たとえば、生徒らはかぞえうたの語呂合わせにより歌詞を工夫したり、登場した生き物が最後に全員で集まって踊るというような物語を構想したりしていた。実際にボールをついてうたう場面では、走りながらついたりフレーズの区切りで大きくジャンプしたりしながら楽しむ姿が現れた。お互いの口ずさみが聞こえるので、自分の歌詞に互いの言葉を取り込み合うような状況になった。この状況は、まりつきうたが時代を経てさまざまな言葉を取り込んできた歴史的文化的背景に通じるものがある。身体感覚や身体動作それ自体によってお互いのイメージを相互浸透させながら言葉が紡ぎ出され、生徒らは伝承されてきた既存の形式を足場に身体全体でまりつきうたを創造していく姿を見せていたといえる。

## 事例14 《百人一首のうた》高等学校2年生

山本伸子

百人一首とは、百人の歌人のうたを一人一首ずつ集めた歌集で、平安時代末から鎌倉時代前期に活躍した藤原定家が選んだとされている。かるたの語源はポルトガルの宣教師たちと一緒にもち込まれたカードであり、これらが組み合わさり、江戸時代の初期に百人一首のうたかるたとして庶民に広まった(1)。

現在でも百人一首はかるた遊びとして親しまれ、五・七・五・七・七音に組み合わされたわずか三十一音の日本語に自らの心を表現した日本伝統文化の一つといえる。小・中学校や家庭で触れた経験に加えて、本校では1年生の時に百人一首かるた取り大会を実施してうたの解釈なども学ぶことから、生徒にとって身近なものである。

百人一首は、でこぼこや平らなどの言葉の抑揚をつけてうたうところに特徴があり、うたい方については競技かるたや地方によってさまざまである。その理由はうたう時の状況やその地方の言葉のもつ抑揚に加えて、うたの解釈によって違った想いが込められ、抑揚が変えられてきたからと考えられる。つまりうたう人の伝えたい感情によって言葉の抑揚は、多様かつ繊細に変化するという特徴があるといえる。

本単元はその特徴に着目し、言葉の抑揚がもつ表現効果を感じ取り、自らつくったうたをうたうことで自分の想いを他者に伝えることをねらいとした。

また、多くの文学者や作者が創作意欲の源として自然との触れ合いを求めるように、うたづくりの場面では自然に触れる場面を設定した。さらに言葉の抑揚を生徒自身が意識して工夫ができるように、一人またはグループで他者とうたい方を比較聴取し、考察する場面を設定した。最後に、自らの想いを伝え、人に伝わる実感をもつことができるように、全体を紅白の二組に分け、全員の前でうたをうたうと同時に、相手チームのペアとなる生徒が自分のうたに対する感想を述べ、対話形式で発表する場面を設定した。

**○授業の概要**

指導内容：言葉の抑揚

指導計画：全六時間

［経　験］百人一首の歴史的背景やうたの解釈を知り、かるた取り遊びをする。うたをつくってうたう。

［分　析］他者のうたを聴き、言葉の抑揚を知覚・感受する。

［再経験］言葉の抑揚を意識して、うたのうたい方について表現を工夫する。

［評　価］全員の前で発表し、感想を述べ合う。言葉の抑揚についてのアセスメントシートに答える。

**○子どもたちの様子**

**(1)　言葉をうたう**

**①　うたわれる状況やうたの背景**

まず、1年生で学んだ経験のある百人一首について歴史的背景などを復習した。小野小町のように生徒に馴染みのある作者のうたを取り上げ、「花の色は　うつりにけりな　いたづらに……」のうたなどは「あのごっつう綺麗やった桜の花が移ろうて降るみたいに、うちも色あせたなぁ、このけったいな世の中で悩んでいるうちに」というように生徒にとって身近な関西弁で内容を解釈した説明をした(2)。これにより携帯電話やメールもない平安貴族たちにとって、うたは自分の想いを他者へ伝えるためのコミュニケーション・ツールの一つであったことを多くの生徒が感じたようであった。生徒たちはかるた遊びを通じて、一首ずつにどのような解釈があるのか考えながら大きな声でうたい、楽しく活動していた。

次に、自分でうたをつくるにあたっては、題を「秋と私」に設定した。これは実践した季節が秋であったことと、「私」を題に入れることにより、生徒が自らの心情を反映させるうたをつくることをねらいとした。導入として「秋と私」を連想する言葉を紡ぐことができるようなワークシート①と、五・七・五・七・七の枠にうたを書き込むためのワークシート②を一枚にまとめたものを使用した。文学者や作曲者の多くが自然との触れ合いの中でインスピレーションを得るのに倣い、中庭へ出て各々好きなように過ごす創作時間を取った。外へ出る前は、「教室でもイメージするだけでいける。寒いし……」と発言した生徒も「授業中に外へ出るの小学生以来やわ」と新鮮な気持ちになり、「木の葉ってこんなに紅葉してたんや」「セミの抜け殻や！（キャー）」など、実際の風に混じる木の葉の匂い、色、秋の日差し、陽の温もりを身体全体で感じ取り、頭の中だけではわいてこなかったイメージが「黄色→イチョウ→扇形」「落ち葉→焼き芋→甘い→幸せ→ありがたさ」等と次々に出てきた。生徒たちは中庭で連想した言葉を容易に書くことはできても、伝えたい気持ちを整理して五音と七音にすることに苦労し、はじめはなかなか進まない様子だった。そのうち、生徒たちは連想した言葉を実際に声に出し始め、音とリズムに合わせ始めた。たとえば、「ありがたい　食べる幸せ　感じよう……音は五・七・五でいけてるけど、そのまんまやなぁ、もう一回読んでみよう」などと友だちと話しながら、それぞれの想いと言葉探しに向き合っていった。

### ② 言葉の抑揚の意識

生徒はつくったうたを持ち寄り、五～六人のグループで発表し合った。同じ状況でつくったにもかかわらず、視点や感じたことが他者と大きく異なっていたことに発見と喜びがあった様子で、うたい手に対する拍手が自然にわき、「それってどんな意味があるの?」と解釈を知りたがった。うたへの関心が強まったところで、抽出した生徒の作品を板書し、言葉の抑揚があるうたい方と、ないうたい方を比較聴取した。平らにうたった方は、「そっけなくて、内容が伝わってこない」「単語の羅列」「つまらない」と感じ、抑揚をつけたうたい方には、「感情が込められている」「うたの内容のイメージがわく」「自分らしい感じ」「メロディーがある」と発言し、抑揚の有無で人に伝わる内容や印象がどれだけ異なるのかを知覚し、感受できた様子だった。その後、ワークシートのうたの上に、抑揚の形や線、そして身近な音楽用語や記号なども使用するうちに、自分のうたのイメージに近づくようなうたい方を工夫するようになった。

## (2) うたの表現へ

### ① イメージの表現の工夫

何度も声に出してうたい、慣れたところで先ほどと異なる生徒の作品を取り上げ、抑揚の工夫の幅が広がるように板書して紹介し、つくった生徒に感じたことと抑揚の関係について問うた。しかし、ある程度うたい方を記入してしまうとすぐに満足してしまい、それ以上に工夫をする様子があまり見られなくなってしまった。そこで、いつもの五～六人のグループ内で、右回りにワークシートを一人分送り、他者のうたを記入されたとおりの抑揚でうたってみる体験を取り入れた。すると、友だちが自分のうたってほしいような表現とは程遠い表現で自分のうたをうたうので、「違う、そこが一番伝えたいところじゃないねん」と言い、適当に記述していたワークシートをもう一度見直して、自分の伝えたいイメージと抑揚との関係を再確認しながら工夫を重ねるようになった。

### ②　つくられたうたの内容と構成

「うた会」と題して、最終的に自分のうたを練習したうたい方で発表した。その際、百人一首の札のイメージでＡ４厚紙の表にうたを書き、裏にうたのイメージを絵にした札を作成し、それを手にもって一人ずつ発表した。教室は、グランドピアノを覆うくらいの大きく赤い野立て傘を立て、床に毛氈《もうせん》を敷き中庭で拾ってきた木の葉を撒き散らし秋の香りで空間を一杯にして古《いにしえ》のうた会を連想させる雰囲気を出すよう準備した。生徒は紅白の二組に分かれ、発表は一人が「それでは詠ませていただきます」といってからうたをうたうと、相手の組でペアとなる生徒が「大変結構でございました」と答え、そのうたについての感想を述べるという対話形式をとった。生徒は思い入れが感じられる美しい絵札を準備し、中庭でセミの抜け殻を見つけた生徒は「秋になり　木々に残る抜け殻は　セミがいた夏　思い出されり」とうたい、また他の生徒は「夕焼けで　オレンジ色に　染まる山　静かに落ちる　木の葉と夕日」と2年生も後半にさしかかったA高校の自分たちと重ねたようなうたをうたい、また言葉探しの時に中庭で言葉を連想させて紡いでいた生徒は「何気ない　食べる幸せ　感じよう　感謝が一杯出てくるね」など、個性豊かなうたを披露した。譜例（次頁）に挙げた「秋晴れの　下で踏ん張る　木の葉たちその木の下に　ダンゴムシ待つ」は、木の葉が散った後、それで終わるのではなく、他のことに役立っていることに気がついたというやさしい想いが抑揚の変化に多様に表現されていた。

## ○考察

### ⑴　うたづくりの基盤

「秋と私」という題でうたをつくる際、生徒は日常意識してこなかった自分自身の感じるという心と対話することができていた。うたをつくるには、感情が動くこと、すなわち感動が必要である。自分が生活の中で何に感情を動かされているのかを知ることは、自身を見つめ直しアイデンティティを認めることに他ならない活動だと思われる。当然、つくられたうたには同じものは一つもなく、今回どの生徒のうたも正面から自分と対話してつくった素晴らしい作品となった。そして、うたをうたう時の抑揚を自分なりに工夫することは、心動かされたことを人に伝えたいという本能的欲求を満たす活動である。つまり、今回のうたづくりの基盤となったのは、普段は言葉にもならず、意識さえもしなかった日常生活での感情のひとひらを自分にしかできない表現で他者に伝えられたという実感であったと考えられる。

最後の発表では、言葉の抑揚だけでなく札に書かれた絵や、声色、強弱、テンポなどさまざまな要素のうちから自分でできる手段を最大限に利用してうたの世界を表現した印象をもった。こうした一つずつの要素は今後の授業での知覚・感受や技能へと生かされるはずである。

### (2) 文化とのかかわり

今回、高校生での実践で、中庭に出る創作時間が必要か否かを迷っていた。しかし、過去の文化人たちが創作力の源として自然との触れ合いを求めたことに倣い、中庭での創作時間を確保することにした。その結果、生徒の創作過程を観察していると、うたをつくり出すためには、さまざまな実体験が必要であることが見いだされた。たとえば、中庭で真っ赤な落ち葉に触れた体験が、過去に体験した人の温もりと結びついて、ある生徒は「秋の日に　赤

《百人一首のうた》の譜例

…工夫して変化した抑揚の箇所
↓踏ん張っている様子を出すために力強さを出し伸ばした
最終発表
f
あ き ば れ の　し た で 踏 ん ば る　木 の 葉 た ち
meno mosso
そ の 木 の し た に　ダ ン ゴ ム シ 待 つ ー
↑虫にとって宿となる木の葉を待ち遠しくしている様子を出すため遅く小さくした

く染まった　葉の色は　心の中まで　あったかくする」とうたをつくった。うたづくりの体験は、そもそもうたとは感情や欲求が込められた言葉であるという根本を再認識させてくれる。また、生徒はこのような先人の文化創成の過程を、うたづくりを通して追体験することができたのである。

多くの生徒が、無からうたをつくり出す難しさを知ったことで、百人一首のうたは、時を経た今も人の心を感動させる素晴らしい文化であったと感想文で記述した。うたづくりによって、現代を生きる生徒たちが、過去から大切に残された文化を再認識し、自然と尊敬の念を抱いていた。

## 事例15《八木節の囃子詞》特別支援学校中学部3年生

洞　孔美子

八木節とは、群馬県桐生で夏に行われる盆踊りで使用される民謡であり、「八木節様式」といわれる特徴をもった民謡である。民謡にはカケ声、囃子詞、合いの手などの副次的な旋律が混じってくることがきわめて多いといわれる[1]。「囃子詞」は、小泉文夫によると「歌い手に、集団的な共同体験的リズムを伝え、他方では、歌い手のリズムに参加することによって、音頭による唄そのものを共同体験する」[2]という意味をもつ。つまり、民謡に囃子詞を入れて掛け合うようにうたい、踊りながら伝承してきた人々は、リズムを共有し合い、そのことで互いに強く結びついて共同体をつくり維持してきたととらえることができる。

本単元では、八木節に合わせて踊るというお祭りのような雰囲気の中で囃子詞を掛け合い、それを手がかりに自分たちの囃子詞づくりをさせたいと考えた。

今回取り上げた八木節は、囃子詞が独特の言葉の言い回しで囃されているところに特徴がある。また、その囃子詞は、掛け合いになっているということも特徴の一つである。踊りながら囃子詞で囃すことの醍醐味は、意味は通じなくとも掛け合うことによってその空間の共有者となり、他者を感じながら自分がそこに存在していることを実感することができる点にあると考える。そこで本単元では指導内容を「掛け合い（問いと答え）」とし、音によるコミュニケーションによって生成される音楽の形式（問いと答え）に着目させ、それを生かして表現活動へと発展させていくことを目的とした。

まず、八木節の盆踊りの足取りを真似ることにより躍動感を体感し、そこに威勢のよい囃子詞を加えていくようにした。その足取りが囃子詞の掛け合いの勢いを支えることから、子どもたちが創作した囃子詞を踊りながら唱えさせる場面を設定した。

**○授業の概要**

指導内容：掛け合い（問答）

指導計画：全三時間

［経　験］　八木節の足取りを真似て踊り、掛け声も囃す。

［分　析］　八木節の囃子詞の掛け合いについて、知覚・感受する。

［再経験］　掛け合いを意識して、囃子詞を工夫してつくる。

［評　価］　つくった囃子詞を発表し、掛け合いについてのアセスメントシートに答える。

**○子どもたちの様子**

**(1)　言葉をうたう**

**①　うたわれる状況やうたの背景**

まずはじめに、八木節が踊られている映像を子どもたちに見せた。子どもたちは、楽しそうに踊っている様子を見て、「お祭りや」とつぶやいたり、笑ったりしており、八木節の雰囲気をつかみとったようだった。次に、八木節の音楽に合わせて足取りを真似させた。八木節は、普通、うたの部分では踊らず、お囃子の部分で踊る。そのうたとお囃子にコントラストをつけることで、お囃子の部分に注目しやすくなる。八木節の踊りそのものではなく、簡単にした足取りを真似させることで、動きの技能的なハードルが低くなり、子どもたちは身体全体を使って音楽を感じ取ることができた。踊る時は、クラス全体で円になり、一体感を感じられるように内側を向いて踊らせた。

次に、八木節には囃子詞がついていることを知らせた。八木節は、問「すっちょい、すっちょい、すっちょい、なっと」、答「そうかい、そうかい、そうかい、なっと」など、子どもたちにとって聞き慣れない言葉が囃されているが、指導者がリードして唱えることで、子どもたちはすぐに言葉に出して唱えることができるようになった。その後、クラスを二つに分け、問いと答えに分かれて掛け合いにして唱えさせた。板書には、問いと答えを意識できるよう色分けした囃子詞を板書で示し、唱えさせる時には、問いと答えとが向かい合わせになるように方向を変えさせた。子どもたちは、互いに向き合うことで、相手の顔を見ながら囃子詞を唱えることができ、掛け合いをより意識することができた。

囃子詞をある程度唱えることができるようになったら、動きと言葉を一緒にして踊った。普段の音楽の授業では、小さな声でぼそぼそとうたっているだけの子どもたちも、八木節のお祭りの雰囲気を感じ取り、曲にのって囃子詞を唱えながら踊ることができた。また、普段の音楽の授業に参加することが難しい子どもも、曲が流れると隠れていたカーテンから顔をのぞかせ、授業の最後には、みんなと一緒に踊ることができた。クラスが一体となって八木節の雰囲気を感じられた。

### ②　掛け合いの意識

クラス全体で八木節の雰囲気を感じて踊れるようになった段階で、比較聴取によって八木節の囃子詞が掛け合いになっていることを意識させた。これまで子どもたちが踊りながら唱えていた掛け合いのある囃子詞と、掛け合いにせずに全員でずっと一緒に唱える囃子詞を聴かせ、それぞれどのような感じがするかを考えさせた。その際、違いがわかりやすいように視覚的な支援として、囃子詞を問いと答えとに分けて表示したものと、分けずに表示したものを提示した。さらに、感じやイメージを言葉で表すことが難しい子どもも多いため、にこにこした顔と、やる気のなさそうな顔の表情カードを提示した。

子どもたちは、囃子詞の板書と表情カードを手掛かりに、それぞれどのような感じがするかという問いかけに対し、掛け合いになっている時は「楽しく言っている」、掛け合いになっていない時は「元気がない」「やる気がない」「ごく普通な感じ」と自分の言葉で発言することができた。また、友だちの「やる気がない」という発言を聴くことで、自ら挙手し「元気がない」と自分なりの言葉で発言できた子どももいた。相手の表情を読み取ったり、曲を聴いてイメージしたりする活動に慣れていない子どもたちにとって、表情カードを用いることは、感受を引き出す上で有効であった。

### (2) うたの表現へ

#### ① イメージの表現の工夫

掛け合いを意識して自分たちの囃子詞をつくる活動を設定した。まずはじめに、もとからある問いはそのまま残し、答えの部分のみを自分たちで考えさせた。すると、一人の子どもが偶発的に「なんでやねん」という発言をした。子どもたち自身が普段使っている言葉が出たことで、笑いが起こり、その場の雰囲気がぱっと変わって、活気あるものとなった。問「すっちょい、すっちょい……」に対して答「なんでやねん」、問「わっしょい、わっしょい……」に対して答「もうええわ」など、お笑いのツッコミともとれる言葉を答えに当てはめていくことにおもしろさを感じ取ったようだった。最終的には、問「なんやろ」答「なんでやねん」問「おうべいか」答

「もうええわ」問「ちぃだらけ」答「どういうことやねん」問「さいあくや」答「いみわからん」と、子どもたちから出た言葉で囃子詞ができ上がった。

普段、子どもたち自身が使っている言葉や、何気ないつぶやきが囃子詞として採用され、みんながそれをお囃子にのって唱えることで、既成の言葉で歌っていた時と比べ、生き生きとして踊る子どもたちの姿が見られた。既成の言葉は自分にとってあまり意味をもたない言葉だったが、自分たちの身近な言葉に変えていくことで囃子詞が意味をもち、そこにおもしろさが生まれたのだと思われる。また、子どもたちの発言をすぐに囃子詞に取り入れて踊り、音楽に帰したことは活発な発言を促したのではないか。子どもたちは、自分たちのうたができ上がっていくということに喜びを感じたようだった。

### ② つくられたうたの内容と構成

本実践は、八木節にもとからある囃子詞を自分たち自身の言葉に変えていくという活動であった。そこには、「なんでやねん」「もうええわ」など、

**《八木節の囃子詞》の譜例**

そう かい そう かい そう かい やっ さ
問 なん や ろ なん や ろ なん や ろ なん や ろ 答 なん で や ねん なん で や ねん
問 おう べい か おう べい か 答 もう え え わ もう え え わ
問 ちぃ だ ら け ちぃ だ ら け 答 どう いう こ と や ねん どう いう こ と や ねん
問 さ い あ く や さ い あ く や
答 い み わ か らん い み わ か らん
やん ち き どっ こい しょ

子どもが普段の生活で使っている言葉が多く現れていた。自分たちの言葉が囃子詞になったことで、活動が生き生きしたものとなった。単に思いついた言葉を発言したことが囃子詞になり、さらにそれがうまく掛け合いになっていることに気がついた時に、掛け合うことのおもしろさを感じ取ったようだった。

クラスには、知的障がいのある自閉症を含む子どもが多く在籍していた。中には、車いすを利用している子どももおり、発達段階もさまざまである。車いすを利用している子どもは、曲が流れると顔や上半身を少しずつ動かし、曲を身体で感じていた。踊りの模倣が難しい子どもは、自分なりに身体を動かしていた。一人ひとりそれぞれが音楽とかかわることができたと思われた。

## ○考察

### (1) うたづくりの基盤

民謡は日本の伝統音楽である。子どもたちは、地域のお祭りなどで民謡に触れており、授業で八木節の曲を聴くとお祭りのにぎやかなイメージが想起され、気持ちが高揚していった。さらに、円になり一緒に踊ることで、盆踊りのようなものがイメージでき、よりいっそうの高揚感が生まれたのだと思われる。この高揚感が子どもたちの学習への意欲へとつながっていった。

次から次へと囃子詞が発言として出てきたのには、囃子詞を唱える際、立って向かい合って唱えさせたことが大きいと考えられる。立つことで身体全体が使えるようになり、身体全体を音楽にのって動かすことで、曲の躍動感を感じることができたのではないか。また、向かい合う隊形になることで囃す相手を意識することができたと考えられる。そして、囃子詞が次々出てくることで、動きもよりリズムにのったものとなっていった。

### (2) 文化とのかかわり

問いと答えの形式をもつ囃子詞づくりは、子ども同士のかかわりを生んだ。同じ場にいる子どもたちが、問いと答えの形式によって囃子詞の特質ともいえる音によるコミュニケーションの経験をもつことができたのである。問いと答えは社会を形成する基本的な形式であると同時に、音楽を生成する基本的な形式である。人間の音によるコミュニケーションが音楽文化を生んできたことを思うと、子どもたちは文化生成を経験したということができるだろう。

〔注〕

1 《売り声》

(1) 宮田章司（二〇〇三）『江戸売り声百景』岩波書店、三五～六四、一一七頁。

(2) 同上書、一一九頁。

3 《どろだんごのわらべうた》

(1) 「しごと」の学習とは、子どもの問題を教科の枠組みにとらわれずに真正面から取り上げ、子ども自身の手による主体的な取り組みによって総合的な問題解決学習を展開していこうとするものである。このような「しごと」の学習の性格は、総合的な学習の時間の趣旨に合致する考え方としている。奈良女子大学附属小学校学習研究会編著（二〇〇八）『確かな学習力を育てるじ道』明治図書、一四八頁。

4 《じゃんけんうた》

(1) 加古里子（二〇〇八）『伝承遊び考4　じゃんけん遊び考』小峰書店、一一～五〇頁。

(2) ここでは、日本学校音楽教育実践学会編（二〇〇六）『生成を原理とする二十一世紀音楽カリキュラム』東京書籍、一〇九頁に記載のように、間を、音と音との間、すなわち休止部分であり、しかも単に休止ではなく、次の音が響くまでの緊張感に満ちた沈黙を意味するものとしてとらえる。

**5《かぞえうた》**

(1) 加古里子(二〇〇八)『伝承遊び考4　じゃんけん遊び考』小峰書店、三〇一頁。

(2) 池田郷土史学会一般財団法人(二〇一二)『池田のわらべ歌』いけだ市民文化振興財団、二頁。

**6《八木節の囃子詞》**

(1) 酒井正保(一九七五)「風土と芸能」『日本民謡全集第三巻』五四頁。

(2) 小泉文夫(二〇〇九)『合本日本伝統音楽の研究』音楽之友社、三六〇頁。

(3) 同上書、三六〇頁。

(4) 同上書、三九二頁。

**7《相撲甚句》**

(1) CD「ザ・ベスト　相撲甚句―名力士編―」(解説:福田永昌)(日本コロムビア、COCN-30037)。

**8《百人一首のうた》**

(1) 東京書籍株式会社(二〇一一)『新しい国語六下　教師用指導書』東京書籍、九〇頁。

(2) 本実践は、薬師寺美江「実践事例2(四年生)百人一首を素材にして―わたしの『うた』を歌おう―」、小島律子編著(一九九八)『子どもを育てる音楽づくり実践事例集』東京書籍、一四~十七頁を参考にしている。

**9《生活のうた》**

(1) 小島美子(一九九七)『音楽からみた日本人』日本放送出版協会、八頁。

(2) 楠井晴子(二〇一〇)「旋律の知覚を助ける〝ふしづくりのための記譜法〟」『教育音楽小学版』音楽之友社、二月号、四〇~四一頁。

**10**　**《わらべうたをもとにした生活のうた》**

(1)　小泉文夫（一九九三）『音の中の文化　対談集』青土社、八九頁。

(2)　小島律子・関西音楽教育実践研究会編著（二〇一〇）『学校における「わらべうた」教育の再創造―理論と実践―』黎明書房、三二頁。

(3)　小泉文夫（一九八六）『子どもの遊びとうた』草思社、二〇二～二〇四頁。

(4)　同上書、二〇三頁。

(5)　西園芳信・小島律子著（二〇〇〇）『総合的な学習と音楽表現』黎明書房、五二頁。小島は「表現の原理」について「表現とは、外的世界との経験を通して形成された私たちの内的世界（イメージや感情や情動など）を、材料を扱って自分の外側に具体的な作品として形作ること」と述べている。

(6)　特別支援学級では、子どものその日の体調や気分によって授業を受ける時間が必ずしも四十五分とは限らないが、計二十三回授業を行った。

**11**　**《ラップ》**

(1)　五十嵐正「ラップ」、海老澤敏・上参郷祐康・西岡信雄・山口修監修（二〇〇八）『新編　音楽中辞典』音楽之友社、七三一頁。

(2)　もとは〝喋る〟という意味の俗語であったが、近年になり、韻を踏んだお喋りにスクラッチ（ターンテーブルにのせたレコードを手で操作して回転数を変え本来の再生音と異なる音を出す）などのレコード操作の技法や、リズム・ボックスなどの電子機器を駆使した音を組み合わせ、演奏されるものを指すようになった。堀内久美雄編集（二〇〇八）『新訂　標準音楽辞典　トーワ索引　第二版』音楽之友社、二〇六七頁。

(3)　久保田泰平（二〇一〇）「ラップ歌謡」〈http://tower.jp/article/series/2010/12/13/72812〉、二〇一四年一月三十一日アクセス。

(4)　KREVA（二〇〇八）『クレバのベスト盤』ポニーキャニオン。

**12**　**《〇〇音頭》**

（1）久万田晋「十一、民謡」、音楽之友社編（二〇〇七）『日本音楽基本用語辞典』音楽之友社、一四三頁。

**13**　**《まりつきうた》**

（1）吉川英史監修（一九八四）「まりつきうた」『邦楽百科辞典雅楽から民謡まで』音楽之友社、九三三頁。

**14**　**《百人一首のうた》**

（1）稲賀敬二他　監修（二〇〇七）『新版初訂　新訂総合国語便覧』第一学習社、一六六頁。吉海直人監修（二〇一二）『百人一首おもしろハンドブック』小倉百人一首殿堂時雨殿、三〜四頁。島津忠夫・櫟原聰編著（二〇〇一）『カラー小倉百人一首』京都書房、一一〇〜一一三頁。

（2）吉海直人監修（二〇一二）前掲書、一〜二頁。

**15**　**《八木節の囃子詞》**

（1）小泉文夫（二〇〇九）『合本日本伝統音楽の研究』音楽之友社、三八二頁。

（2）同上書、三九二頁。

※子どもの作品の譜例については、便宜上、小節線を含む五線譜で示しているが、うたは西洋の拍子や音階に則ったものではないことを断っておく。

# 第3章

# 「構成活動」としてのうたづくりから見えてくるもの

# 1　うたづくりと日本の音楽文化

清村百合子

第2章の実践編では、子どもたちが日本語という言葉をいかにしてうたにしていくのか、そのプロセスが実に生き生きとした姿で描かれている。子どもたちが遊びや他者とのかかわりの中でうたを生み出していく行為は、日本人が日本という風土で暮らし、共同体の中で生活、労働をし、日本語を話す中でうたを生み出してきた行為と重ね合わせることができる。

そこで、現代の子どもたちに見るうたづくりの過程に日本の音楽文化の生成の原型を見ることができるのではないかと考えた。ここでは子どもたちが日本語の言葉をいかにしてうたにしていったのか、その筋道を明らかにする。

## (1)　うたづくりの土壌としての遊び・生活・風土

子どもたちがうたを生み出す土壌には一体何があるのか。うたづくりの基盤には子どもたちの遊びや生活があるが、中でもうたに発展していく根本として次の二点を見いだすことができる。一つは人に伝えたい何かしらの内的経験、もう一つは生活に根ざしたリズムの存在である。

第一に、うたづくりの根本に人に伝えたい何かしらの内的経験（イメージや感情）をもっているということである。事例1《売り声》の実践では売り声づくりから始めていないところに意味がある。まずは自分の売りたいものを折り紙でつくる活動から始めている。色や形、デザインを考えてお寿司やみたらしだんごをつくる。手先を動かし、それが形になっていく楽しさは子どもたちの感情を満たす。自分の制作物に愛着が湧き、それを友だちに見てほしいという社会的欲求が芽生えてくる。欲求を満たすため、売り物をボードにのせて教室内を練り歩き、商品をアピールし始める。一方、具体的な品物のアピールではないが、事例9では思春期の子どもたちが自分自身について語り始める。そこには常日頃は口にできない本音も入ってくる。うたにすることを許されたからこそ、普段は恥ずかしくていえないような本音が旋律の力を借りて運ばれる。うたづくりの根本には人に伝えたい何かしらの感情がある。

第二に、生活に根ざしたリズムの存在がある。そこには必ず身体の動きが伴う。事例4は子どもたちの遊びや生活を基盤にしている。子どもたちは休み時間、鬼ごっこをする時に必ず鬼を決めるためのじゃんけんをする。また給食時間、余ったゼリーの争奪戦のためにじゃんけんをする。自分たちの生活のルールや人間関係を成立させるために子どもたちの日常生活にじゃんけんは欠かせない。それは昔も今も変わらない。じゃんけんは躍動的なリズムを保有し、勝負に向かうエネルギーを溜めて発散するという身体の動きも伴う。

このようにうたづくりの基盤には、人に伝えたい内的経験や子どもたちの生活や遊びに根ざした、身体の動きを伴うリズムが存在している。

## (2) 言葉が生まれる時

では、うたづくりの土壌としての遊びや生活から、言葉はどのようにして生まれてくるのか。それは人とのかかわりの中で、自分の内的世界を人に伝えたいという社会的欲求が芽生えた時に、ある定型が与えられることで子どもたちは次から次へと言葉を生み出していく。

事例1の物売りは現代版コピーライターであり、マーケティングの発想に近い。商品のよさや斬新さを短い言葉に込めて繰り返し表現する。事例10ではお母さんとゲームを買いに行った時のわくわくした気持ちが教師との対話によって綴られていく。事例8や事例14の《百人一首のうた》では校庭や中庭で発見した秋の風情や趣きを五七五七七という限られた語句の長さに当てはめて表現する。

いずれも言葉になる以前の生活経験が豊かにある。ずっと欲しかったゲームを買いに行った経験は子どもにとってはかけがえのない時間である。また実際に校庭に出て秋の風を感じ、葉の色づきに目を見張る経験をする。このようにわれわれは生活の中で日々さまざまな感情を味わっている。

ここでは生活感情を表現するためにわざわざ作文を書いたり、文章にしたりする必要はない。うたづくりの授業ではそうした感情を表に出すための手段が与えられている。事例1では「さおや～さおだけっ」など先人のつくった売り声を聴き、そのいい回しを知る機会が用意されている。事例10ではたった二音の弦が張られた箏が教室に置かれ、その二音を使って自分の生活を語り出す。また百人一首の事例では秋の風情を五七五七七という定型にのせて唱えていく。

このようにうたづくりの授業では、ある定型が用意されることで、子どもたちは次から次へと生活感情をその定型にのせて言葉にして唱えていく。しかもその時与えられる型は、売り声のいい回しやわらべうたの音階、あるいは和歌の形式など、日本人の生活の中で長い時間をかけて受け継がれてきた型なのである。

## (3) 言葉に埋め込まれた伝統音楽の萌芽

第1章において、日本語の言葉には音高や強弱などの韻律的側面をもつということが示されている。一方、小泉によると、言語の音楽的側面である音高やシラブルの構成は直接に唱えごとや、語りもの音楽のリズムや旋律の形となってうたに現れるという[1]。では子どもたちが唱える言葉にはどういった伝統音楽の萌芽が埋め込まれているのか。

事例1の《売り声》では自分の売り物を高らかに宣伝するために「すしゃーすしゃー」と言葉を伸ばしたり、「すしゃっ」と縮めたりして唱えている。追分様式の民謡は言葉の等拍性を土台にしながらも、その伸縮に根を置いているという(2)。つまり言葉を伸ばしたり縮めたりすることで追分様式の民謡はできている。こうしたシラブルを短くしたり伸ばしたりするニュアンスはわらべうたや民謡、語りもの的な声楽曲に多く見られる特徴だという(3)。

事例2では「ツポッツポッ　バチャンバチャン　ジャー」と擬音語を唱える姿があるが、「ツポッツポッ」も「バチャンバチャン」も先頭の文字（ツ・バ）に言葉がかたまることによって、逆付点のリズムが生まれている。言葉のかたまり方によって軽さが生まれたり、重みが出たりするなど音楽の表情に変化が生じるという(4)。これもわらべうたや民謡によく見られるリズムの特徴である。

このように日本語自体にすでに多様なリズムや旋律、音価が備わっている。わらべうたや民謡、語りものなどの伝統音楽では、そうした日本語が元来備えているリズムや旋律を拠り所として、それらをより強調し、極端ない回しにすることによって言葉からうたへ発展する様相を読み取ることができる。子どもたちが生活感情を吐露したり、遊びに熱中して言葉を唱えたりする姿には伝統音楽の生成過程に通じる働きを見ることができる。

## (4)　言葉からうたへ

ではリズムや抑揚を備えた日本語はどのようにしてうたになるのか。言葉とうたの境界はどこにあるのか。言葉からうたへの移行は、子ども自ら音楽表現としてのうたにするという目的をもって、抑揚や伸縮する拍、あるいは強弱などの音楽要素を意図的につけるところに見られる。

事例9では勉強に追いつめられて家に帰りたくない辛い心情を「あ～あ～あ～～～」の引き伸ばしに込めてう

たう努力をしている。何度も何度も引き伸ばしを試みる姿からは、どのような伸ばし方をすればこの苦悩が伝わるのか試行錯誤する様子が伝わってくる。事例8の《百人一首のうた》では「冬が終わってもその次の季節にいく期待」を表現するために「ふゆの～たのし～み～」と余韻を響かせて伸ばし、最後は消え入るようにだんだん弱くうたっている。意図的にだんだん声を弱くしていくことによって、寂しいながらも春への期待感を伝えようとしている。

このように子どもたちは自身の感情やイメージをより魅力的に他者に伝えようと、抑揚や強弱などの音楽要素を意図的につけるようになる。その結果、単なる朗読とは明らかに違う「うた」となる。このように強弱をつけることで豊かな感情表現を表す技法は義太夫にも通じる(5)。義太夫は強弱の変化が大変に細かく、心理的変化を描写することに特化している。人間的な生身の感情がダイナミックにまたはデリケートに語り出されているというのが義太夫の持ち味でもある。意図的に強弱をつけたり、声の高さを変えたりすることで、登場人物の心情をうたい分けている。

また「うたの後半は春への期待感を表したい」という意図をもって声を出しているうちに自然と声の出し方がゆっくりになっていくこともある。単なる日常会話でもなく朗読でもない、音楽表現としてのうたには、こうした表現者が音楽要素に働きかける意図的な営みが介在している。その意図的な営みを推進するのは自己のイメージや感情である。子どもたちは春への期待感や追い詰められた辛い感情を、音楽要素をうまく使って表現する。そこで使われる音楽要素は日本伝統音楽の中で長きにわたり培われてきた技法に通じるものである。

## (5) 子どもがつくり出す日本の音楽文化

子どもたちが日本語の言葉をいかにしてうたにしていったのか、その筋道について日本伝統音楽の生成過程と重ね合わせて見てきた。

うたづくりの基盤には子どもたちの豊かな生活があり、生活や遊びに根ざした感情やリズムがあった。そこに日本人の生活の中で長い時間をかけて受け継がれてきた売り声や和歌に用いられている定型がもたらされることで、子どもたちは次から次へと生活感情をその定型にのせて唱えていった。言葉を唱えるうちに、たとえば「勉強に追いつめられて家に帰りたくない」という生活感情やイメージはより具体的なものとなった。それらを表現するために言葉を引き伸ばしてみたり、縮めてみたり、あるいはさまざまな情感を盛り込んで強弱をつけてみたりして、言葉はやがてうたになっていった。

この筋道からも明らかなように、「構成活動」としてのうたづくりでは、子どもたちが生み出した言葉の特性、すなわち間や抑揚が失われることなく、うたになっている。つまり日本語を西洋音楽の枠に入れ直すことをせず、言葉の特性を生かしたままうたへと昇華していることが本書のうたづくり実践の特徴といえるだろう。あえて西洋音楽の枠に当てはめる過程を踏んでいないからこそ、うたに間が生まれたり、言葉がそのまま引き伸ばされたり、あるいは山型の線を描くような旋律線が生まれたりするのである。そしてそれらは何百年もかけて培われてきた日本の音楽文化に通じる姿なのではないだろうか。

## 2　うたづくりに見られる言葉と声と動きとの関係

東　真理子

うたづくりの活動といえば、普通、言葉を声にのせていく活動というイメージがあり、そこに身体的な動きが生じてくるとは予想しない。しかし、子どもたちのうたづくりの活動では自発的に動きが生じる場面が多々見られた。本節ではうたづくりにおいて動きが生じた場面を取り上げ、言葉と声と動きとの関係について明らかにしていきたい。

## (1) 言葉づくりの場面

うたづくりにおいて子どもたちが自分たちの言葉を生み出す時、言葉を声で発するだけではなく、身体の動きをつけていた。それは、言葉の意味的側面を表すジェスチャーであった。

事例4《じゃんけんうた》では、じゃんけん遊びをした後、「自分たちがしてみたくなるじゃんけん」を各グループで考える。お茶の粉とワサビを間違えてしまった時のじゃんけんをイメージした「ワサビのじゃんけん」グループは、「最初はグー、お茶の粉とワサビを間違えた、水をくれ〈腕を前に差し出す〉、大量に〈身体の前で手で円を描く〉、じゃんけん負けたらもらわれへん〈首と手を横に振る〉、助けてくだされじゃんけんぽん〈拍にのる〉!」、勝ちの人は「助かった〈両手を胸に置く〉」、負けた人は「ヒーハー〈両手を頬にあて上を向く〉」というジェスチャーつきのじゃんけんを考える〈映像参照〉。

事例5《かぞえうた》では、「ひ」がつく言葉を考えている際に「飛行機いいな!」と言葉が出ると、すぐに〈両手を広げてビューン〉という動きをやってみる子がいる。他のグループでも「ひ」がつく言葉として「姫様」が出てくると〈ドレスの裾をもってポーズ〉して一周まわる、膝を曲げる等、言葉に合う動きを探るようにいろいろなジェスチャーが出てくる。

ここでは、子どもたちは既成のうたの替え歌をつくる活動をしている。自分たちの言葉を生み出す時、言葉を口にすると同時に、その言葉の意味的側面に対するイメージを自発的にジェスチャーで表現している。ジェスチャーを誘発しているのは言葉であるが、その言葉は記号としての文字なのではなく、声にのってうたわれた言葉であることに注目したい。言葉から想起される生活感情やイメージを声で表現しようとするのだが、声では表現しきれない部分をジェスチャーという手段で補完しようとしているのではないだろうか。そして、ジェスチャーで補完されることにより、記号としての一般的な言葉が、自分たちの生活を背後に背負った自分自身の言葉に転換されるのではないだろうか。

一方、言葉の音（オン）や韻律的側面が生み出す特質にイメージをもち、それを身体的な動きで表す事例もあった。事例2《水のことばのうた》では、水の音を擬音語化し、その擬音語から受けるイメージを身体で表わしていた。たとえば「ポーチャポーチャ」としたゆったりした言葉のリズムに合わせて、身体をゆっくり揺らすというものである。

このような身体の動きは、言葉の意味的側面と韻律的側面に対する子どもの内的世界に生じたイメージを可視化してその場に表すという役目を担っていると考えられる。

## (2) うたい方の工夫の場面

動きによって言葉のイメージが表されると、次には、そのイメージをもとに言葉のうたい方を工夫しようという場面が展開される。その場面ではうたい方の工夫だけでなく、同時に身体的な動きも工夫されていく様子が見られた。そして、身体的な動き方を工夫することがまた、うたい方の工夫につながっていくという相互作用が見られた。

うたい方の工夫は、言葉の韻律的側面に着目して次のように為されていた。

事例1《売り声》では、お客さんに売り物のよさを伝えるためには言葉の伸縮（長短）をどのように工夫すればよいかを考える場面があった。子どもたちはまず、手をたたきながら自分たちの売り声の言葉の伸縮がどのようになっているかを確認していく。はじめは売り声に合わせて手をたたいているだけだが、しばらくすると言葉が伸びているところは背筋を伸ばし、縮んでいるところは前かがみになるなど、身体の動きを伴いながらより言葉の伸縮を大きくつけてうたうようになる。身体の動きを通して言葉の伸縮を意識することで、自分たちならではの売り声をつくるには伸縮をどうつけようかと活動を進めていくことになる。

事例8《百人一首のうた》では、言葉の抑揚（高低）を意識させる。そのために授業者が言葉の抑揚のあるうたい方とないうたい方でうたって比較聴取させる。その上で子どもたちが自分のうたい方を工夫し始めると、うたいながら手や腕を動かして、自分の伝えたいイメージを表現できるような抑揚をつけたうたい方を模索し、工夫していく姿が見られた。

このように、言葉の韻律的側面を動きを通して意識すると、リズムや音高といった音楽の構成要素について声の出し方を工夫するようになる。すると意味的側面のイメージが形成されてくる。そしてイメージが形成されると声の表現の工夫をするようになる。

事例3《どろだんごのわらべうた》では、言葉の韻律的側面から音楽の要素につなげ、拍、リズム、音の高低を子どもに意識させて繰り返しうたわせると、意味的側面からのイメージが動きで表現されるようになった。Cさんから「がんばるぞ」のところでじゃんけんを入れたいという提案が出てくる。さらに指導者が前奏を弾き始めるとDさんが立ち上がり、どろだんごを探しに行くように、両手を大きく振って歩く動きをし始める。それを全員が真似するようになる。たとえば「ぺちゃぺちゃべちょべちょ」の歌詞ではどろの感触やどろの音を表すように友だちと手を合わせてたたいたり、両手をあげて頭の上で大きな丸をつくりどろだんごを表現したりするなど、どろだんご遊びをイメージした動きが出てきた。

また、実際に動かなくても「～の動きのように」と動きをイメージすることで、そのイメージがうたい方に生かされる場合もある。たとえば事例2《水のことばのうた》では「パシャーンパシャーンプクプクパッ」は「イルカが海の中からはねるよう」なので、「パッ」のところはしっかりと強い声でうたう、「風で水が流れて水たまりができ、洗濯物がとばされ、水たまりに落ちる」ので風がふくような声でうたう、大きい声から小さい声でゆっくりうたう、というようにダイナミクスをつけたうたい方の工夫が出てきた。

動きからうたい方の工夫がなされると、また動きに戻るという動きとうたい方の行き来がなされた。事例5《かぞえうた》では、「一つ目小僧」で「おばけの動き」と出てくると、「おばけだから声を小さく震わせてうたおう」というように動きに影響を受けてうたい方の工夫が為されていった。うたい方を工夫しながら「一人が一つ目小僧の役になって、あとの二人は逃げるように動こう」というようにまた動きに戻ってイメージを発展させ、まとまったストーリーをつくり出し、表現するようになっていった。

事例6《八木節の囃子詞》では、掛け合い言葉をつくっていく時、「男子と女子のいい合い」「居酒屋の商人と客のいい合い」のようにストーリー性をもった掛け合いが出てきた。あるグループは正月の待ち遠しい気持ちと共に「羽根を伸ばしすぎて三キロも太ってしまった」という失敗談からくる悲しさやむなしさを表現するために、悲しむような涙をぬぐうジェスチャーを工夫する。するとジェスチャーに合わせて声色も変化させるというようにうたい方も工夫される。

このように、うたい方を工夫する場面でも身体の動きを工夫することを仲介として言葉のうたい方、すなわち声の表現の仕方が変化していった。ここでも身体の動きによって言葉の韻律的側面と意味的側面の両者がより明瞭にされ、イメージを生み出し、うたい方に作用したと考えられる。

## (3) まとめ

以上より、うたづくりにおいて、言葉と声は動きを伴うことで生活経験からイメージを形成し、イメージをより伝えるために言葉のうたい方の工夫に影響を与えたといえる。つまり、普通にしゃべるように口にされた言葉が、母音がのばされたり揺らされたり、アクセントがつけられたりしてうたになっていったのは、動きによってイメージが目に見える形にされ、子どもたちに意識されたことによると考えられる。

そして、このような言葉と声と動きの関係の基盤には拍の存在があるといえる。じゃんけんうたでは拍に合わせて腕を振る。かぞえうたでは拍に合わせてお手合わせをする。まりつきうたでは拍にのってまりをつく。わらべうたをもとにした生活のうたづくりも拍にのって言葉を唱え、うたをつくっていく。八木節の掛け合いづくりも同様に拍にのって踊りながら掛け合う。言葉と声と動きが一体となった律動にのって、新たな言葉が出て、うたわれていくのである。

このような律動は、身体が環境に同調する生命の律動ととらえることができるのではないだろうか。生命の律動を潜在させる身体はおのずと拍にのって動く。動きながら言葉を声として発することでうたが生み出されてくると考えられる。

# 3　うたづくりにおける音楽科の学力

兼平佳枝

## ⑴「確かな学力」

文部科学省は「生きる力」を知の側面からとらえたものを「確かな学力」と呼び、「知識や技能はもちろんのこと、これに加えて、学ぶ意欲や自分で課題を見つけ、自ら学び、主体的に判断し、行動し、よりよく問題解決する資質や能力等まで含めたもの」としている。これは、平成八年の中央教育審議会答申以来、現在に至るまでの、一貫した考え方である。

では、これまで教師が「口を大きく開いて」「ここはフォルテだから強く」というように子どもたちに指示を出してうたわせてきた音楽科のうたの授業は、子どもたちの「確かな学力」の育成に寄与するものとなっていたのだろうか。答えは否である。なぜなら、このようなプロセスにおいては、子どもはなぜ口を大きく開くのか、その理由を考える場は与えられていないし、強くうたいたいという自らの内面の喚起がないままに、物理的に大きな声を出しているに過ぎないからである。このように、教師によってうたわされる従来のプロセスの授業では、子どもが自ら課題を見つけ、主体的に判断・行動し、よりよく問題を解決する力としての「確かな学力」が育まれるはずがない。逆にいうなら、「口を大きく開いて」「力強く」うたいたいと、子ども自身が欲するような学習のプロセスを保証することが、音楽科が子どもの「確かな学力」の育成の一翼を担うことにつながることになると考えられる。

## (2) 問題解決のプロセスで育成される「確かな学力」

では、どのような音楽科の学習のプロセスを保証することで、子どもが自ら課題を見つけ、主体的に判断し、行動し、よりよく問題を解決する「確かな学力」の育成が可能となるのか。うたづくりの事例と合わせて述べていく。

そもそも、うたをうたうという行為は、自らの声を素材とした表現活動であり、素材としての自らの声との相互作用によって生じるものである。うたづくりの場合は、まず、物売りやわらべうた、百人一首などのうたを真似てうたう等して、うたとの直接経験を十分に行った上で、子どもがその形式にのっとりながら言葉を選択することから始まる。

事例8《百人一首のうた》では、かるた遊びを十分に楽しんだ後、短歌が自らの心を伝えるために用いられるものであると知った子どもたちは、「冬を感じる」をテーマに五七五七七になるように言葉を選択する。ここでは「あと三文字迷っている」という子どもに対し、別の子どもが「木がやせる」と提案した。すると「木がやせるかぁ、木がはだかね！」と、友だちのアドバイスを参考にしながら自分の納得する言葉を選択している。この子どもは、冬の寒さの中で葉を落としている木を見て自分が感じたことを想起しながら、「寒い冬に木の葉っぱが落ちている様子は、木がやせているのかな、はだかでいるのかな」というように、「やせる」と「はだか」というそれぞれの言葉に働きかけ、働き返された結果を自分の中で受け止めている。この子どもは、寒さの中で葉を落としてたたずんでいる木は寒そうだと感じたのではないか。その上で「やせる」ではなく、「はだか」という言葉から受ける質が自分のイメージに合うと考え、その言葉を選択したと考えられる。その後、この子どもは満足気に、友だちにできたうたを見せていたという。

J・デューイは、問題解決の活動である探究を思考と同義ととらえ、「思考は、われわれがしようと試みることと、結果として起こることとの関係の認識である」(1)と述べる。つまり、主体が対象に働きかけ、働き返されたことの関係性を認識し問題を解決するプロセスに働いているのが思考なのである。ここでの子どもは、寒風の中で葉を落としてたたずむ木の姿から感じ取った質に合う三文字の言葉は何かという問題意識をもって、友だちに相談した。すると友だちが「やせる」と提案してくれたことから、それをきっかけに「はだか」という言葉を思いついた。そこで、「はだか」と「やせる」のそれぞれの言葉に働きかけ、働き返された結果を受け止める。その結果として、「木がはだか」の方が自分のイメージに合うと判断し、それを選択することで満足を得て、問題を解決していると解釈できる。対象に働きかけたことと、働き返されたことの関係性を認識し、問題を解決している。つまり、思考を働かせている具体的な姿である。

さらに、言葉が選択されたのちは、言葉をうたうことになる。この場面でも、子どもが思考力をいかんなく発揮する姿が見られる。

事例7《相撲甚句》では、言葉に抑揚をつけてうたうことで、そこに込められたメッセージがより伝わることを実感した子どもたちは、グループでお互いのうたを聴き合ってアドバイスし合いながら、各自がつくったオリジナルの相撲甚句の言葉の抑揚を工夫してうたおうとする。ある子は「いつも」「陽気で」「楽しくて」と順番に音高を上げていき、別の子は「あきらめる」というところはやる気がなくなった感じだからゆっくり低くしていきたいと、抑揚に音高と速度などの音楽の構成要素を関連づけて表現の工夫を重ねている。さらに、『陽気で楽しくて』ってどんどん気持ちが明るくなっていくから、身体を下から上へと上げていくと、よりイメージに合った抑揚をつけてうたいやすい」と気づいた子どもも出てきて、抑揚と身体の動きとを連動させることでうたいやすくなるという技能の高まりを意識するようになり、友だち同士でお互いの変容を喜び合っていたという。

ここでの子どもたちは、より自分のイメージが伝わるようなうたにするためにはどのような工夫が必要かという問題意識の下、抑揚をだんだん高くしていったり速度をゆっくりしていったりし、音楽の構成要素に働きかけている。これは表現したいイメージと音楽の構成要素との相互作用と見ることができ、この相互作用を通して子どもたちは、抑揚を高くすると明るい表現になるというように、構成要素への働きかけと結果としての表現の特質を関連づけている。この関連づけの内容がすなわち獲得される知識になる。

そして、さらに、ここでは身体を上下に使うこととイメージを連動させることで、「音楽表現の技能」も獲得しようとする姿が見られる。つまり、知識と同様、技能も、問題解決のプロセスにおいて、自らのイメージを表現する上で必要不可欠なものとして獲得し活用されていくものであるといえる。そして、これらの一連の活動は、子どもが言葉に込めた「自らの内面を他者に伝えたい」という意欲が推進力となって実現されているのである。

このように、うたづくりにおける「言葉をうたう」という学習のプロセスは、外的世界に音楽表現を生成するのと同時に内的世界も再構成されるという、音楽表現の生成のプロセスそのものである(2)。そして、それは子どもの思考力育成を軸においた問題解決のプロセスを実現させ、それが、子どもが自ら課題を見つけ、主体的に判断し、行動し、よりよく問題を解決する「確かな学力」の育成に寄与することにつながるものになると考えられる。

### (3)「確かな学力」の育成に必要なコミュニケーション能力

これまでに述べてきた「確かな学力」の育成に寄与する問題解決のプロセスにおいて欠かせないのが、他者とのかかわり、すなわち、コミュニケーションである。すべての事例において、子どもたちは友だちとのコミュニケーションを通して問題を解決していく。音楽表現の生成としてのうたづくりには、社会的構成主義の学習理論との共通点が見られる。社会的構成主義では、知識、すなわち、意味は共同的関係の産物であるという立場をとる(3)。つまり、問題解決のプロセスに内在するコミュニケーションを通して、子どもは新たな意味を生成していっているのである。

事例5《かぞえうた》の場合は、「一つ『ひ』……飛行機！」「飛行機いいな！」「両手広げてビューンって動きにしよう！」とグループで思いついた言葉と動きを次々と提案し合い、お互いに納得しながら表現の工夫をしている。さらに工夫したことを表現する段階では、どのような声の出し方か、どれくらいの大きさでうたうか、動きはどれくらいの大きさかなど、共有されたイメージを表現するためのうたい方が身体と言語によるコミュニケーションによって探求されていく。

事例6《八木節の囃子詞》小5、事例15《八木節の囃子詞》特別支援中3では、クラス全体で円になり、一体感が感じられるように内側を向いて踊らせることで、単に思いついた「なんでやねん」「もうええわ」等の普段の生活で使っている言葉が囃子詞になり、さらにそれがうまく掛け合いになっていることに気づいた子どもたちは、掛け合うことのおもしろさを感じ取っていったという。

このように、子どもたちは言語のみならず身体によるコミュニケーションを通してグループでの共通の問題を解決していく姿が見られた。ここでの子どもたちのコミュニケーションの支えとなっているのが、身近な生活経験に伴う感情やイメージである。言葉をうたうプロセスでは、大空に翼を広げて雄大に飛んでいく飛行機の姿を想像して憧れたり、大阪の漫才のような独特の間合いで小気味よく会話される姿に滑稽さを感じたりしている。うたづくりの基盤となっているこれらの感情やイメージは、子どもたちの生活経験から生じたものゆえに子どもたちに十分共有できるものになっている。うたづくりにおける「確かな学力」の育成のプロセスでは、イメージや感情の共有を支えとする協同的関係においてコミュニケーション能力も育まれているのである。

## 4　うたづくりと生活感情

小島律子

学校教育におけるうたづくりは、子どもたちが生活感情を表現するところに教育的意義があるといえよう。うたづくりではどのように生活感情が現れ出てくるのか、そしてそれがどのように展開していくのかを事例からみていきたい。

### (1)　生活での関心

言葉遊びで言葉を選ぶ時に、自分の関心が表に出てくる。関心のもとには生活がある。事例1《売り声》では、カレーを売りたいグループは、色紙でカレーづくりをしている時から、「カレーに卵」「カレーってお肉入ってるやん」「お肉つくろう、私」と口々にいい合い、気分が高揚して「カレー」と思わずうたいながらお皿をつくったりしている。事例4《じゃんけんうた》では「じゃんけん負けたらもらわれへん、お菓子をねらってじゃんけんぽん」というように、じゃんけんに勝ってお菓子を食べたいという意気込みを出してくる。これも生活の中でよく経験しているじゃんけんの時の気持ちである。事例5《かぞえうた》では、「十で父さん帰ってきたよ　タイドクネンネン」「ふたつ富士山　世界遺産　タイドクネンネン」というように、生活で見聞きしてきた事柄を入れていく。

ここで選ばれる言葉は、単なる記号としての言葉ではなく、その子の生活の文脈にあるその子にとっての特別の言葉であり、生活における感情を背後にもった言葉として出てくる。「父さん帰ってきたよ」という短い言葉でも、その背後には「父さん仕事から帰ってきたな、お帰り」と迎える家族としての気持ちがあると察せられる。

## (2)　自分へのまなざし

言葉を綴るうたづくりでは自己の振り返りが見られる。事例3《どろだんごのわらべうた》では、実際みんなで遊んでいるどろだんごづくりの振り返りノートから言葉が選ばれる。そこでは楽しいことばかりでなく、どろだんごに色をつけようと思ってカラースプレイをかけたけどだめだった、という残念な気持ちもうたわれる。活動の中で自分が発見したこと、試したことなどが言葉を綴るようにうたわれ、そこに遊びの高揚した気分、がっかりした気分などが表現される。

事例8と事例14の《百人一首のうた》も、直接経験の場を設け、そこで心動かされたことを綴るところからうたづくりを始めている。実際に校庭へ出て、季節の景色に触れながらメモし、メモから連想を広げ、短歌をつくる。そこでは、思春期にさしかかった男子が「落ち葉が風に吹かれ、左右に揺さぶられてだんだん落ちていく様子」に心を留め、でもそこに冬が終わって春に向かう期待を感じるという変化をうたっている。事例14の高校生も、「何気ない　食べる幸せ　感じよう　感謝が一杯　出てくるね」とうたい、冬の寒い時期に焼き芋をほおばる自分の姿から今の状況への感謝の気持ちをうたっている。

ここでは、なにげなく見過ごしていた日常の景色をうたうことで、そこにいる自分を振り返り、自分の気持ちに目を向けることになっている。そして、言葉の韻律的側面のある定型に言葉を入れようと試行錯誤することで、自身の感情を対象化でき、自己のアイデンティティ確認につながっていると思われる。

自己の振り返りそのものをテーマにしたのが事例7《相撲甚句》である。小学校の卒業を控えた子どもたちに、自分のよさや頑張りをアピールさせるうたを《相撲甚句》の様式にのっとってつくらせ、発表させている。その中では、自分のことをいつも明るく元気に踊っているとうたう子、「私はゲームがとても好き」とうたう子、「いつもだらだら時間を無駄にする。もっと勉強しようかな、それでもやっぱり遊んでる。宿題だけで十分だ」というようにぼやく子もいる。定型を与え非日常的な状況をつくると、その形式が仮面性を与え、生活感情の表現を出しやすくしているということがうかがえる。

### (3) 生活感情の発散

言葉と声と動きが一体となっている「うた」を模倣させることで、子どもたちのその語法や形式に対する感覚を目覚めさせることができる。言葉と声と動きが一体となっている「うた」とは、わらべうたや民謡である。日本語を話す子どもたちが内在している語法や形式に対する感覚が目覚めると、即興的なうたづくりが行われる。それは生活感情の発散という意義をもつ。

事例15《八木節の囃子詞》では、八木節の足取りの拍感にのって踊りながら掛け合い言葉をいい合うことで、さらに新たな言葉が引き出されている。そこでは考えて言葉を出すのではなく、言葉と声と動きの一体が生み出す高揚感の中で、踊りながら即興で言葉が出てきている。「なんでやねん」「意味わからん」「ももええわ」といった日常の言葉が、問答の形式で掛け合われるのである。自分たちが出した掛け声でうたった時は、それまでの既成の掛け声でうたっていた時とは打って変わって活気が出てきている。自分の言葉を自分の声でうたうということから生じるリアリティはかけがえのない力をもつと考えられる。

気持ちの高揚に関係するのがノリである。言葉と声と動きが一体化するとノリが出て、言葉も出やすくなる。事例12《〇〇音頭》では、盆踊りのように輪になって踊る。成績アップのために教師に媚びを売る話などを手振りをつけてうたって、自分自身の内面への批判的な感情を発散しながら、それを客観視して世の中の媚びや見栄を張る風潮への社会風刺につなげている。

事例11《ラップ》では、言葉を拍にのせる感覚をもとに即興的に言葉をうたう。ラップは外国の定型ではあるが、そこにあえて日本語を入れることで距離感を得、思春期の子どもが言葉を出しやすい面もあるといえる。「おおさかええとこ、ゆうたらな」といいながら通天閣や大阪城をうたうのだが、自分たちが訪れた時の感想をいい合いながらつくっている。一般的な話としながらも、やはりそこには自分の生活経験が根拠となっているのである。

## (4) 感情を伝える

事例10《わらべうたをもとにした生活のうた》では、Y児が、わらべうたの音階の二つの音に調弦された箏を爪弾くことで、自身の日常の生活を即興でどんどん語っていった。言葉の拍にのって弦を弾くという身体的な動きが拍感を生み出し、さらに言葉を引き出すのである。また、そこに教師という対話の相手がいて、ゲームを買ってもらったというY児に「どこで買ったの」「だれと買いにいったの」と問いかけている。するとY児はそれに答えて「○○屋で買ったよ。高かったけど買ったよ」「お父さんと行ったよ」「お兄ちゃんと一緒に遊んだよ」というように筝を爪弾きながらうたう。フレーズの最後には必ず「ほれ、だーるまさんがこーろんだ」とつけ、形式を整えて終わる。そこには、ゲームを買ってもらい、うれしくてたまらない感情が、教師に伝えようとすることで、ある形式の中で表現されていく姿が見える。

人に伝えようとすることは表現の吟味を生む。事例9《生活のうた》では三音の音階を定型として生活を綴っていく。「あ〜あ〜あ〜〜〜、帰りたない　勉強ば〜〜っか　つまらない」とうたう男子は、うたっていく中で、「自分の気持ちが外に押し出されていくような感じがする」といっている。自分の身体から声が発せられることで外に出ていく。声が自分の生活感情の運搬車となって出ていくということであろう。外に出すたびに、この発声が自分の気持ちを伝えるものになっているか男子はうたい方を何度も吟味するようになる。そして「あ〜あ〜あ〜〜〜」は当初のため息のようなうたい方から力強い発声となっていく。勉強から逃れたいという消極的な気持ちが、どうしたらこの気持ちが伝わるのかと工夫するうちに、勉強に立ち向かうような強い気持ちになっていったのが察せられる。他者を意識し表現を工夫することで感情を客観化したということができよう。

以上見てきたように、うたづくりは言葉の背後にある生活経験、生活感情をうたう営みである。言葉の背後にある自分の特別な感情は、作文と違ってうたづくりではすべて言葉にして説明しなくてもよい。イメージや感情は声が表現してくれるのである。また、言葉を定型に入れることで、人ごとのように言葉をうたうことができるという仮面性もある。そのことで気楽に本音が出せる側面も見られる。また、定型を借りて日常の悩みの発散もできる。いずれの場合も、うたづくりは言葉を媒介に自己の感情を意識し、それを外に出し、人に伝えようとして表現の形式に入れることで、感情を客観化し対象化することができる。このことによってうたづくりは感情を育てる営みといえる。

〔注〕

**1　うたづくりと日本の音楽文化**

(1) 小泉文夫（一九九四）『日本の音　世界のなかの日本音楽』平凡社、七〇頁。
(2) 小泉文夫（一九七七）『音楽の根源にあるもの』青土社、一五二頁。
(3) 同上書、一四九頁。
(4) 同上書、一五〇頁。
(5) 小泉（一九九四）、二二四～二二五頁。

**2　うたづくりに見られる言葉と声と動きとの関係**

〈参考文献〉

小泉文夫（二〇〇九）『合本　日本伝統音楽の研究』音楽之友社。

**3　うたづくりにおける音楽科の学力**

(1) J・デューイ（一九一五）（松野安男訳：一九七五年）『民主主義と教育（上）』岩波文庫、二三〇頁。
(2) 日本学校音楽教育実践学会編（二〇〇六）『生成を原理とする21世紀音楽カリキュラム』東京書籍、一二頁。
(3) K・J・ガーゲン、永田素彦・深尾誠訳（二〇〇四）『社会構成主義の理論と実践―関係性が現実をつくる―』ナカニシヤ出版、三〇頁。

# おわりに

本書は、教師の手中にあるうたうという行為を子ども側に取り戻したいという願いから始まった企画でした。実践では、子どもたちは日々の生活の中でわくわくしたこと、気づいたこと、悩んでいること等、うたで出してくれました。最後に、音楽の授業でうたをうたうという行為を根底からとらえ直すための視点をいくつか挙げておきたいと思います。

一つは、うたうということを広くとらえるということです。うたうことは、能の謡や義太夫にも見られるように話すこと、唱えること、語ることと行き来しています。また、うたは言葉と声だけで生まれるのではなく、身体の動きに触発されてという部分が大です。ただし、言葉と声と身体の動きがあっても、内的世界に感じたことやいいたいことが何もなければ声を発しようとは思いません。内的世界の思考やイメージや感情は生活経験から生まれてきます。このように広い基盤の上にうたうことをとらえる必要があります。

二つは、言葉の威力です。自分の言葉を自分の声でうたうことで本当のうたになるということです。替え歌はうたを自分のものにする有効な方法でした。言葉を選ぶことは自分を振り返ることであり、そこに自己を確認することになります。子どもたちの歌詞には勉強のプレッシャーや異性への意識などの本音がポロッと出てきて、ワイワイふざけているようでもこんなこと思っていたんだと子どもたちの意外な一面を見た思いがしました。

三つは、声の力です。言葉の一音を伸ばすだけでも、書き言葉では表せないエネルギーや表情が出てきます。声は息を身体から出すのですが、身体がそれぞれ違うので声の音色の質、息づかい、ニュアンス等、みな違ってきます。学校教育では個々の声をクラス全員揃えさせる方向に指導してきましたが、反対に個々人の声のよさを認め合うことが前提になるでしょう。

四つは、身体の動きの重要性です。うたの形をつくる時、選んだ言葉の音韻や韻律的側面が大きく作用します。それらが音楽的要素に結びついてうたをつくっていきます。その時、言葉の音韻や韻律的側面が醸し出す動きの特質をイメージとして感受するのが身体でした。そのイメージがうたの音楽的要素につながっていきました。同時に、言葉の意味的側面をイメージするのもジェスチャーという身体の動きを通してでした。言葉と音楽とをつなぐのがイメージで、そのイメージ形成に身体の動きが大きくかかわっているといえます。

五つは、定型の重要性です。定型があるから声を出せる、表現できるという面がありました。生活の中では日常的な声では人前で語れない話がいろいろあります。ラップなども世の中の批判や風刺をうたう中で生まれてきました。わらべうたの音階も定型になり得ます。定型が身体化されているものであれば即興が可能となります。また、定型があれば言葉を定型に入れようと工夫することで、当初の粗雑な感情が定型との相互作用を通して客観化された感情に変容していきます。定型は表現を促す役目もあり、抵抗の役目も果たします。

六つは、うたう行為をコミュニケーションとしてとらえることです。古代より人間は伝える相手に声を発してきたといいます。それはこの世の人ではないかもしれません。また他者ではなく、自分自身への話しかけであるかもしれません。うたは言葉は使っていますが、言語によるコミュニケーションでは伝えきれない部分を伝えるコミュニケーションです。感情のコミュニケーションといえるでしょう。

このような視点から学校教育でうたをうたうことをとらえ直すことで、うたづくりは感情の教育として人間形成を目的とする学校教育に寄与できるのではないかと考えます。

ところで、著者である関西音楽教育実践学研究会は、今から二〇年ほど前、大阪教育大学天王寺キャンパスの夜間の実践学校教育講座に現職向けの大学院が創設されたことをきっかけとして生まれました。院修了後も研究会を行うようになり、それがじょじょに広がってきたものです。勉強したい人ならだれでも参加できるというようにオープンな形にしており、現在六〇名ほどの登録があります。自分自身の授業案の相談あり、実践研究の発表あり、現役院生の理論的な発表あり、それぞれの参加の仕方をしています。また、年間を通してテーマを設定し、それに基づく実践発表を重ね、年度末には総括の発表会を催しています。このうたづくりの実践研究は平成二十四年度のテーマでした。

今回、この実践研究が一つの形になったのは、研究会のすべてのメンバーのおかげです。そしてメンバーの背後には学校や子どもたちがいます。本書には授業の風景のＤＶＤがついています。当該学校関係者や子どもたちのご理解、ご協力に感謝いたします。また、現在の世話人の東真理子氏には事例原稿の取りまとめ、衛藤晶子氏にはＤＶＤの編集にとご協力をいただきました。そして長年世話人をしてきてくださった清村百合子氏には総括役として多大な貢献をいただきました。こころより感謝いたします。

最後になりますが、前著『楽器づくりによる想像力の教育─理論と実践─』に引き続き、このたびの出版にあたっては黎明書房の武馬久仁裕社長そして編集の都築康予氏に大変なご厚意を賜わりました。深く感謝申し上げます。

小島律子

二〇一四年八月

# DVD内容一覧

| タイトル | 場面 |
|---|---|
| 事例1　売り声 | ・売り声を聴き、一緒にうたってみる<br>・売り物をつくり、売り声をうたいながら売り歩く<br>・言葉の伸縮を知覚・感受する<br>・グループで売り声を工夫する<br>・つくった売り声を発表する |
| 事例2　水のことばのうた | ・水遊びをして聴こえてきた音を擬音語で表す<br>・見つけた擬音語を組み合わせてうたをつくる<br>・中間発表をして意見を交流する<br>・言葉のもつリズムを意識して動きながらうたをつくる<br>・つくったうたを発表し、交流する |
| 事例3　どろだんごのわらべうた | ・歌詞をつくってうたい、音の高低を知覚・感受する<br>・動きを入れてうたう |
| 事例4　じゃんけんうた | ・グループで自分たちのじゃんけんうたをつくる<br>・グループでじゃんけんうたの表現を工夫する<br>・つくったじゃんけんうたを発表する |
| 事例5　かぞえうた | ・《ひとつひよこが》で遊び、十のかぞえうたをつくる<br>・反復を知覚・感受する<br>・グループで自分たちのかぞえうたをつくる<br>・つくったかぞえうたを発表する |
| 事例6　八木節の囃子詞 | ・《八木節》を聴いて踊って掛け声を囃す<br>・囃子詞の掛け合いを知覚・感受する<br>・掛け合いを意識して囃子詞をつくる<br>・つくった囃子詞を発表する |
| 事例7　相撲甚句 | ・声の抑揚を意識して表現の工夫をする<br>・つくったうたを発表する。 |

| | |
|---|---|
| 事例8　百人一首のうた | ・百人一首かるたで遊ぶ<br>・短歌をつくってうたう<br>・言葉の抑揚を知覚・感受する<br>・抑揚を意識して表現の工夫をする<br>・つくったうたを発表して感想を交流する |
| 事例9　生活のうた | ・《生活のうた》をつくる<br>・つくったうたを発表する |
| 事例10　わらべうたをもとにした生活のうた | ・わらべうたを箏で演奏する<br>・二音を使って自分のうたをつくる |
| 事例11　ラップ | ・《くいしんぼうのラップ》をうたう<br>・《大阪のラップ》の言葉を考えてうたう<br>・抑揚を意識して言い方やうたい方を工夫する<br>・つくったラップを発表する |
| 事例12　○○音頭 | ・つくった《音頭》を発表する |
| 事例13　まりつきうた | ・まりつきうたの替えうたをつくる<br>・つくったうたを交流する |
| 事例14　百人一首のうた | ・かるた遊びをした後、うたをつくる<br>・つくったうたを、互いに聴き合う<br>・抑揚について知覚・感受する<br>・抑揚を意識してうたを工夫する<br>・つくったうたを発表し、感想を述べ合う |
| 事例15　八木節の囃子詞 | ・《八木節》を聴いて踊って掛け声を囃す<br>・掛け合いを知覚・感受する<br>・囃子詞を替えて唱える |

## 執筆者一覧（所属は初版刊行時のものです。）

東　真理子（大阪成蹊大学）
井上　薫（大阪府藤井寺市立道明寺南小学校）
衛藤晶子（畿央大学）
太田紗八香（京都府宇治市立小倉小学校）
小川由美（琉球大学）
兼平佳枝（椙山女学園大学）
木下紗也子（大阪府枚方市立東香里中学校）
清村百合子（京都教育大学）
楠井晴子（大阪教育大学附属平野中学校）
髙橋詩穂（京都教育大学附属桃山小学校）
椿本恵子（大阪教育大学附属平野小学校）
中村　愛（大阪教育大学附属平野小学校）
廣津友香（奈良教育大学）
洞　孔美子（大阪府立守口支援学校）
大和　賛（大阪教育大学大学院）
山本伸子（大阪府立夕陽丘高等学校）
山本祐子（愛知県刈谷市立亀城小学校）
横山朋子（畿央大学）
横山真理（岐阜県関市立小金田中学校）

## 著者紹介

### 小島律子

大阪教育大学教授・博士（教育学）
名古屋大学大学院教育学研究科博士課程単位取得退学
専門　音楽教育学，特に表現教育論，音楽科の授業論
〔主な著書〕
『子どもの音の世界―楽譜のない自由な「曲づくり」から始まる音楽教育』（共著，黎明書房），『構成活動を中心とした音楽授業による児童の音楽的発達の考察』（単著，風間書房），『総合的な学習と音楽表現』（共著，黎明書房），『音楽による表現の教育』（共編著，晃洋書房），『日本伝統音楽の授業をデザインする』（監修，暁教育図書）。
〔学術論文〕
「戦後日本の『音楽づくり』にみられる学力観―『構成的音楽表現』からの問い直し―」『学校音楽教育研究』（日本学校音楽教育実践学会紀要第9巻），「知性と感性を統合する教育方法としての『オキュペーション』概念―イマジネーションに注目して―」（日本デューイ学会紀要第46号）。
〔その他〕
「中学校学習指導要領（音楽）の改善に関する調査研究協力者」「高等学校学習指導要領（芸術・音楽）の改善に関する調査研究協力者」「評価規準，評価方法等の研究開発のための協力者」。

### 関西音楽教育実践学研究会

毎月１回の土曜日午後，大阪教育大学天王寺キャンパスを借りて研究会を行っている。会員は，幼稚園，小学校，中学校，高等学校，特別支援学校，大学の教員，大学の院生など60名程度である。代表は大阪教育大学教授小島律子。

15年ほど前に小島が天王寺キャンパスの大学院実践学校教育専攻にかかわったことで研究室内ではじまった自主ゼミを出発としている。

現在は大阪教育大学から範囲を広げ，意欲ある現職教員の実践研究の場としてオープンな自主ゼミの形で運営されている。

個人の実践研究と並行して，年間テーマを立てて体系的な実践研究を行っている。以下がこれまで行ってきたプロジェクト研究である。

○平成18年度「シルバーバーデット“Music”を今，問い直す」
○平成19年度「MMCP の実践と課題」
○平成20年度「学力育成を実現する日本伝統音楽の授業」
○平成21年度「学校におけるわらべうた教育の創造」
○平成22・23年度「耳をひらき，自己を見いだす楽器づくり」

その成果を黎明書房より『学校におけるわらべうた教育の再創造―理論と実践―』(2010)，『楽器づくりによる想像力の教育―理論と実践―』(2013) として２冊出版している。平成24年度に「生活感情を表現するうたづくり」の特別企画を実施し，その理論と実践をまとめたものが本書である。

**生活感情《せいかつかんじょう》を表現《ひょうげん》するうたづくり —理論《りろん》と実践《じっせん》—**

2014年 8 月10日　初版発行

著　者　小《こ》島《じま》律《りつ》子《こ》
　　　　関西音楽教育実践学研究会《かんさいおんがくきょういくじっせんがくけんきゅうかい》

発行者　武馬久仁裕

印　刷　藤原印刷株式会社

製　本　株式会社渋谷文泉閣

発行所　株式会社　黎《れい》明《めい》書《しょ》房《ぼう》

〒460-0002 名古屋市中区丸の内3-6-27　EBS ビル

☎052-962-3045 FAX052-951-9065 振替・00880-1-59001

〒101-0047 東京連絡所・千代田区内神田1-4-9

松苗ビル 4 F　☎03-3268-3470

落丁・乱丁本はお取替します。　ISBN978-4-654-01905-2